你可以有情緒但不要往心裡去

讓你不隱忍、懂釋懷，突破關係困境的十四種情感練習

全美暻 전미경 著　胡椒筒　譯

本書獻給帶我來到這個世界，

撫養我長大，

並給予我無私的愛的父親。

序

為了心靈、思考和行動和諧的人生

我們來到這個世界，最先建立的人際關係就是與父母的關係。遠古時代，孩子會從父母身上學會打獵、生火、分辨可食用的果實、辨別有毒的蘑菇等，生存所需的方法。現在的我們，也會從父母身上學到各種人生道理和生活方式。包括我自己，也是如此。

關於父親的智慧，讓我想起剛成為醫師的時候，父親拜託我醫治一位酒精中毒的患者。他是全社區裡最令人傷腦筋的人，才一住院就把醫院搞得雞犬不寧。不僅拒絕服藥，還在病房裡抽菸，做出很多違反醫院規定的行為，甚至還差使智能低下的患者幫他跑腿、做事。整個醫院的人都被這個人搞得疲憊不堪，最後他只住一個月就出院了。

全家人相聚的某週末，父親接到一通電話，講沒幾句他便一臉嚴肅地說：「你現在就過來見我。我看你父母可憐，才把你送到我女兒工作的醫院接受治療，希望你能改頭換面、重新做人。你有什麼好委屈的啊？要是覺得委屈，就過來當面把話講清楚。」偶爾會有被強制送進醫院的患者威脅和恐嚇醫生，所以我很擔心那個人也會威脅父親。但無論遇到什麼情況，父親始終都是堂堂正正、毅然決然的態度。

今年父親做了健康檢查，在做胃內視鏡的時候，醫生建議再去大醫院做更精密的檢查，後來得知是胃癌，而且已經很嚴重了，必須立刻做手術。聽到醫生說擴散的範圍不大，全家人便有了希望，但誰知早上八點半開始的手術進行到下午四點。晴天霹靂的是，癌細胞已經轉移到淋巴結和腹膜，所以手術時間才拖了這麼久。

不知道還要接受幾次化療，父親處在無法預知餘生的情況，但他卻很淡然地接受了這一切，甚至還開玩笑地說：「我已經活這麼久了，沒想到晚年還要剖腹活受罪。早知道這麼痛，我就不做手術了。」父親還對母親千叮嚀萬交代地說：「我會盡快接受治療然後就回家，妳一定要聽孩子們的話。」十幾年前，母親腦出血造成下半身不遂，而且智能也下降，整個人變得很固執。之前都是父親一個人在照顧母親，現在換成我們了。

父親說，看到孩子們都能自食其力，他死而無憾了，但想到留下母親一個人很可憐，所以決定接受一次化療。現在，父親正努力與病魔搏鬥，即使在這種情況下，他仍持續教母親一些力所能及的瑣事。面對這樣的父親，我不禁產生了疑問：一輩子經歷那麼多波折和坎坷的父親，是如何調整自己的心態？如何控制自己的不安與憤怒？如何把積極、正向的情緒帶給周圍、感染大家的呢？

雖然父親在社會上無名無利，但他總是教育我們，生而為人，每個人都有重要的價值。無論在任何情況下，父親都能身體力行幫助他人，他的這種能力讓我產生了好奇心。為什麼父親的情緒從來不被他人動搖呢？為什麼他可以幸福地做每一件事呢？為什麼他那麼喜歡照顧周圍的人呢？為什麼他可以如此坦然地面對死亡呢？在寫這本書的過程中，我一直在思考這些問題。

這是一本關於情緒的書。我認為人類只能從心靈、思考和行動和諧的人生中獲得幸福。這三種條件，心靈的情緒會最先暴露出來，不安、憤怒、愉快和幸福都是我們最先產生的思考。隨之而來的思考，則是為了找出這些情緒的理由，自己對什麼不信任、想法被否定了，受到尊重，愛上了某人……我們會去思考這些理由。**結論即行動，相同的情緒和想法，會因為採取不同的行動而帶來不同的結果，**當場離席或直接表示抗議，擁抱表示感謝。**情緒、思考、行動必須結合在一起，我們必須欣然地接受這樣的過程，這才是和諧的人生。**

在這三個過程中，作為觸發點的情緒是最重要的一個階段。這就好比穿衣服，扣對了第一個鈕扣，才能穿好衣服。只有不誤會別人、不被動搖，才能正視自己。我們每天會經歷無數次的情緒波動，即使什麼也不做也會受到周遭的影響；大浪能打破生活節奏，小浪也可摧毀我們的自尊。人類是感性的動物，

非理性的動物，只有承認這一點的人，才能擁有心靈、思考和行動和諧的人生。總而言之，這本書可以當作是我們掌握生活、活出自我的對應法。

親眼見證了父親的一生，我思考著如何在生活中獲得平和。神學家雷茵霍爾德．尼布爾（Reinhold Niebuhr）的〈寧靜禱文〉這樣寫道：

主啊！請賜我雅量，去接受我無法改變的事；賜我勇氣，去改變我所能改變的事；並賜我智慧，去分辨這兩者的不同。

我從父親身上學到的就是這樣的智慧。希望我可以將父親教導我堅定、創造幸福和快樂人生的力量，融入這本書中。

全美暻
二〇二〇年 秋

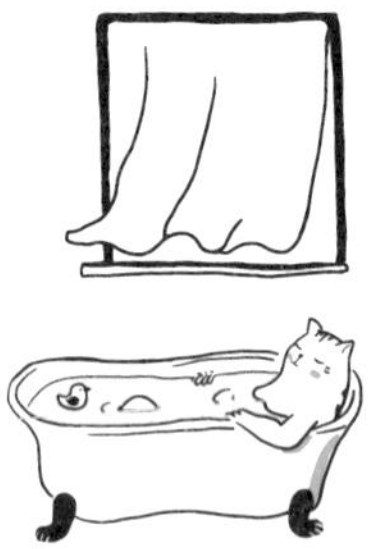

目次

情感合理化

處理好人際關係，等於是讓對方「看到」我的情緒。當對方在講有趣的事情時，笑臉相迎的人和不耐煩的人，哪種人可以處理好人際關係是顯而易見的。

不要放大情緒

無論心情好壞，若想要成長，就要懂得釋懷，這樣才能邁入新的階段。但問題是，我們的負向情緒總像滾雪球，越滾越大。

⑥ **為什麼只有那個人會讓我心裡不是滋味呢？** 102

處理依附問題所引起的矛盾

為什麼只有那個人會讓我心裡不是滋味呢？依附關係只能建立在個體之間，請不要用「自己期待的樣子」去要求別人。

⑦ **我是情緒過勞者嗎？** 114

不要將工作與自己等量齊觀

在職場被要求「熱情、親切」要付出情緒勞動的我，那並不是「全部的我」，而是我多重身分中的一種罷了。雖然我們應該重視工作，但工作並不是我們的「全部」。

⑧ **有時我覺得自己就像小說裡的主角** 128

客觀地觀察自己的情緒

有時我會覺得我是唯一不開心的那個人。為什麼我會這麼想呢？我是想得到大家的關心嗎？「當妳退去情感的保護殼時，才會迎來成長的瞬間。」

⑨ **我也有難以啟齒的的傷痛** 140

轉換成創傷後成長

我有一個無法向任何人傾訴的痛苦記憶。我不想一直執著於那段記憶，但想要釋懷並不容易。那些把陰影轉換成成長能量的人是怎麼做到的呢？利用不深的關係，治療深深的傷口的方法。

⑩ 我處處迎合大家，為什麼還是被討厭 156
同理心才能帶領他人
有的人很受大家的歡迎，大家都會主動跟他吐露心聲。他那麼堅持己見，為什麼大家還是喜歡他呢？

⑪ 把情緒寫在臉上是好事？ 174
提高調節情緒的能力
「在適當的時間點，帶著適當的意圖，以適當的方式對某人表達適當的憤怒，是很難的一件事。」控制情緒和調節情緒有什麼不同呢？

⑫ 善於轉換情緒的祕訣
活用工具式情緒
在生活中，有時我們會需要像演員一樣演戲。但是，這樣做會不會覺得有點虛偽、一點也不像自己呢？為什麼我們連心情也要演呢？
188

⑬ 可以忍受孤獨，但不想覺得無力
當你不想被歸屬感束縛
總是有股淡淡的無力感湧上心頭，就算跟大家在一起的時候也有這種感受。難道，我有什麼問題嗎？
204

01.
為什麼世界上最難應付的人是自己呢?

如果仔細觀察因為無能為力而引發的問題，

就會發現大部分都是情緒和心情造成。

為什麼會這樣呢？

因為情緒與自我認同有關。

這個世紀最偉大的發現是，
人類只要改變自己的態度，
就能改變人生。

——威廉・詹姆士（William James）

大家都覺得這世界上最難應付的人就是「自己」：希望心平氣和的時候，會感到很不耐煩；不想生氣的時候，卻大發雷霆；興奮過頭的時候，就失言了；只因一時賭氣，就把原本進行得很順利的事情給搞砸了。晚上躺在床上，後悔不已地踢被子想著：「啊，我當時怎麼會那樣！」

如果仔細觀察這些因為無能為力而引發的問題，就會發現大部分都與情緒有關。與其這樣一喜一悲，什麼事都放心上，還不如隨心所欲地去生活，做一個毫無顧忌的人。

情緒是自我認同

為什麼情緒這麼重要呢？因為情緒與自我認同有著很深的關聯，人類的自我認同是透過情感建立起來的，動物也是。《哭泣的大象》（*When Elephants Weep: The Emotional Lives of Animals*）講述小象因象牙獵人而失去媽媽的故事。這些生活在名為「大象孤兒院」的小象，每晚都會悲鳴，因為牠們親眼目睹了媽媽慘遭虐殺，所以每晚都會做惡夢，這是教人非常痛心的事情。雖然現在人們已經意識到動物也有相當複雜的情感，但幾十年前的人們，把牠們視為沒有情感的動物。

雖然動物也有豐富的情感，但唯一能夠透過情感建立自我認同的物種，卻只有人類。人類的情感不只停留在情緒上，還會延伸出某種想法，形成特定的世界觀，特別是負向情緒會形成負向的世界觀，對人生產生很大的影響。很奇怪的是，**比起正向情緒形成的世界觀，負向的世界觀卻更有力量，以這種情緒**

為基礎建立的自我認同，像磁鐵帶有強烈的慣性，支配著我們的人生。

我們在生活中會不斷地經歷各種的自我認同，從學生變成上班族、分手後再遇到下一個人，在這些變化的過程中，面對大大小小的問題，同時學習各種情感。隨著年齡的增長，我們的情感非但沒有變得單純，反而越來越複雜和微妙。

因此，培養控制情緒的能力並沒有想像中那麼簡單。今天覺得自己似乎變得很成熟了，但明天又會深陷情感的漩渦把事情搞砸。我們會對不熟悉的陌生人親切友好，卻對一起生活了幾十年的家人亂發脾氣，甚至會因為各種的問題突然發火。

「有時候，我莫名其妙就會生氣。看到有人受到特殊待遇，或覺得不公平，我就會很生氣。最近公司沒什麼業務，但主管唯獨把工作交給了自己很器

重的B來做。遇到這種情況，我就會氣得跳腳。雖然我很清楚，主管這樣做是因為B跟他共事的時間最久，但我就是難掩憤怒之情。不久前，因為新冠疫情的關係，大家都沒有拿到年終獎金。同事都因為減薪日子過得很辛苦，遇到這種所有人一起經歷困境的事，我反倒不覺得辛苦。」

大家有遇過這種情況嗎？對其他事都可以很豁然，唯獨無法控制「自己」。即使明白主管分配工作給B的理由合理，但還是無法控制自己的情緒。這樣的情緒會演變出其他的問題——對沒反應的人感到不滿，但自己又很難有條理的清楚解釋，為什麼對這樣的人感到不滿。

情緒與自我認同有關，同時也反映了自己的價值觀。價值觀是長時間累積而成的，不僅難以改變，也存在著非常複雜的結構。從前文的例子可以看出，諮商者是一位積極追求公平的人，所以遇到不公平的事情，就會充滿鬱憤，甚至還會想起過去經歷的事情，更加重負向情緒的濃度。如果不是像他那樣價值觀的人，就很難理解這種情況了。

由於情緒與人類固有的自我認同和價值觀，有著緊密的關聯，所以我們可以透過他人表達情感的方式來瞭解這個人。大家聽過「Snooping」這個詞嗎？雖然字詞的意思是「探聽、窺探」，但也指透過事物來分析心理軌道的能力。如福爾摩斯的偵探思維，他透過觀察房間裡的物件和包包裡的物品，便可以掌握一個人的性格和生活方式。因為人們隨身攜帶的物品會留下自我認同、情感和行動方式的痕跡。另外，我們透過一個人的SNS（Social networking service），或他常聽的音樂播放列表，來揣測這個人的行為，也可以視為「Snooping」。

揣測他人還有一個好工具，就是情緒。透過那個人遇到某事所流露的情緒，以及同樣一件事情，與他人的情緒差異，便可以更深入地瞭解那個人。不光是表面上的，若能看到內心隱藏的情緒，便可更準確地讀懂那個人了。

人類最終想要得到的認可是什麼呢？

從人際關係中可以明顯看出，我們是如何被情感所支配。以宗教為例，信仰很深的人，無論好事或壞事都會看成是神的旨意，而沒有宗教信仰的人就很難理解這種想法，他們會認為是因為自己做得好，所以發生了好事，然後把不好的事怪在別人身上。因此，有神論者與無神論者才會發生爭執，而每次的爭論也總是各說各話，沒有交集。

如果仔細觀察，就會發現我們怎麼想與對方的情感有著很大的關連。如果平時對那個人有好感，就會覺得，「啊，他是靠信仰的力量克服了困境。」如果很討厭那人就會認為，「就是因為他這種不理性的態度，所以遇到問題才會不改正，放在那邊不管。」像這樣觀察人與人之間的矛盾，就會發現很多時候並不是想法不同，而是情感的問題——情緒在先，想法在後。處在極度憤怒的狀態，會先得出對方是壞人的結論，接著找出符合結論的證據。感到悲傷的時候，就會一直去找對方傷害自己的證據。

有些人很會利用這種情緒的力量，特別是利用負向情緒。仔細觀察那些帶有特定目的的網路社群或宗教團體，就會發現他們在助長「不安」，他們以不安的情緒作為誘餌吸引支持者，煽動厭惡情緒製造敵人，以此鞏固內部的團結力。因此，最重要的是不被這種情緒動搖，培養適當的應對能力。

這種能力與人類的需求有著很深的關聯。心理學家馬斯洛（Maslow）將人類的需求分為以下五個階段：

生理→安全→愛與歸屬→自尊→自我實現

從中我們可以看出，排越前面，與情感問題越是緊密相連。

愛與歸屬、自尊的需求，都是透過與外部世界的關係，獲得某種情感上的滿足。這樣講或許很難懂，簡單來說就是，我想被愛、想獲得尊重、感受到自己是一個有價值的人，然而只有他人能夠滿足這樣的需求。因此，缺乏人際關係、少與他人溝通的人，很難滿足愛、歸屬和尊重的需求。

從這一點來看，溝通的核心就是情感，由此引出了孤獨的概念。我們之所以會覺得孤單，並不是因為獨自一人，而是覺得溝通不足。因此，比起跟很多人建立人際關係，最重要的是善於控制自己的情緒、理解他人的情緒。

迄今為止，我們僅站在「擺脫負向情緒」的角度來理解情感的問題，才會一直迴避、對人生中重要的問題假裝視而不見。又或者把控制情緒理解成了「壓抑、調節情緒」。情感是與世界溝通的工具，控制情緒就意味著，從調節情緒到透過情感學習與他人溝通的方法，這就是培養情感的能力。

調節情緒和情感能力有什麼不同呢？調節情緒，讓人覺得自己處在被動的、防禦的立場。但情感能力，則帶有主動的、積極的感覺。覺得自己處在被動的立場或被他人擺布時，容易變得帶有攻擊性。即使遇到小事，也會做出激動的反應。因此，我們有必要以主動、積極的態度，來處理生活中複雜的情感問題。

善於溝通、與他人產生共感、建立良好的人際關係基礎，也屬於情感能力。

感覺、心情、情感，我處在什麼狀態呢？

提到必須擁有情感能力，我們不免產生這樣的好奇：「到底什麼是情感呢？」情緒、心情和情感等詞語，感覺上都差不多。嚴格來講，這些詞語是無法徹底區分的。那麼，精神病學又是如何理解這些概念呢？

1. 情緒（emotion）：指因內在或外在的事件，在短時間內發生的身體和心理反應。即憤怒、悲傷、恐懼、喜悅和心動等。
2. 心情（mood）：指主觀上持續較長時間的感覺流向，即使沒有特別的原因，也會產生快樂、不悅和憂鬱等感受。

3. 情感（affect）：指在他人身上觀察到的情感表現，存在於真實情感與表達情感之間的差異。

比起患者的情緒，精神病學主要研究的是患者的心情和情感所涵蓋的問題，像是憂鬱症或恐慌症等長時間持續的症狀，精神病學上稱之為「情緒障礙」（mood disorder）。

「情感」這個詞有點難懂，讓我來舉例說明一下。有人失去了心愛的母親，這是一件非常令人難過的事情，但在周圍人看來，那個人似乎一點也不難過。因為那個人內心的情感與表露出來的情緒不同，我們將這種差異稱為不充分的（inadequate）情感。有時明明很傷心，但還是面帶微笑，雖然那個人帶有悲傷的情緒，但我們觀察到的情感卻是「面帶微笑」，也就是說，與那個人的主觀情感不一致。這種情況精神病學會使用「不適當的情感」（inappropriate）一詞。

那麼情緒又是什麼呢？情緒等同於情感，英文統稱為「emotion」。本書的情緒和情感是相同的意思。還有哪些與情緒、情感有關的詞語呢？感覺（feeling）一詞。雖然我們平時經常使用「感覺」，但它並不是心理學和精神病學用語。在這些命名的概念中，我們普遍使用的是情緒和心情，前者可以理解為暫時的，後者則是持續的。

我們該如何控制各種情緒呢？對某人來說，一直無法釋懷的情感，別人可能很快就放下了。因此，人們才會覺得處理情感上的問題很容易。「生氣的事情解決了，氣不就消了嗎？」但就算氣消了，情緒也沒有消失。如果大家都能好好處理情感上的問題，那心理學和精神病學也不會成為如此重要的學問了。

解決情感問題有很多種方法，我們最先選擇的方法是利用理性能力。這也是一般人經常選擇的方法，我們來看一個嘗試利用理性能力來解決情感問題的例子吧。

有一個同事A，他在工作中與另一個同事發生了衝突。A怒氣沖沖地來找

我，我很想幫他熄滅心中的怒火，於是很理性、很客觀地聽他講述了事件的前因後果。如果我能透過理性對話讓他消氣，最後聽到他說「妳說得沒錯，這件事不值得動怒，我先去跟他道歉好了」，那該有多好呢。

但是，那位同事即使把問題想明白了，還是重複著相同的話。心情剛平復，馬上又生氣了。聽了我的勸解消了氣，很快情緒又回來了，我真的是沒見過像他這樣反反覆覆的人了。漸漸的，我也開始感到不耐煩了，不禁心想：「又不是呀，我為什麼要聽他抱怨呢？」隨即我也生氣了。我大聲說道：「又不是我做錯事，你幹嘛衝著我發火啊！」怎麼會發生這種事呢？

擁有機智情感能力的人們

情感能力好的人可以機智地解決這種尷尬場面，既能守護自己的情感，又能撫慰對方的情緒。如果觀察這些人使用的語言會覺得很有趣。

「你生氣就是為了這個？」
「要我陪你一起生氣嗎？」
「你是可以好好解決問題的人啦。」

這些話可以讓對方客觀地審視自己，不只是表面的，而是認知到內心的情緒。然後告訴對方自己可以解決問題的同時，又不被對方的情緒感染、牽著鼻子走。這種能力可以是天生的，也可以透過努力和學習來累積經驗，最具代表性的人，就是像我這樣的精神病學醫師了。

來找我諮商的人當中，除了患有失眠和恐慌症等病理問題的人以外，更多的是來哭訴負向情緒問題的人。有的人因為婆婆而感到痛苦，來諮商的一個多小時裡就只顧發洩情緒。如果這樣可以放鬆心情倒也無妨，但下個星期來她仍一肚子怒火，而且負向情緒更嚴重了，「我跟朋友聊天後才知道，我經歷的那

些事實在太不像話了，根本不是人可以忍的。」

遇到這種情況時，我應該怎麼辦呢？隨聲附和？還是冷靜地分析問題，給出建議呢？此外，我要如何控制自己的情緒呢？難道我不會產生「我為什麼要花這麼長時間聽她訴苦」的想法嗎？當然，專業的醫師不會這樣想，因為我們的職業就是為了解決這些問題而存在。

我們學習精神病學和心理學的理論，就是為了解決這些問題，瞭解如何接近問題、採取什麼方法、如果方法錯誤會產生什麼副作用。在成為專業的醫師之前，我也是一個透過學習來培養「情感能力」的人。

我在生活中，還可以從比我更優秀的人身上學到很多東西。無論從書裡，還是他人身上，我的情感能力的確是後天培養。所以我希望，**那些總說「沒辦法，我天生脾氣就不好」的人不要放棄，任何人都可以透過學習而改變。**

希望受到尊重和同等待遇

不可否認的是，情感能力低的人很難好好的生活。現今與情感相關的問題變得越來越重要了，我們經常會看到大公司公布不當的道歉文，反而激起民憤的新聞；在職場，上司與下屬之間發生衝突，大部分都是沒有解決好情感上的問題。

人與人不見面的話，就不會有情感上的問題了嗎？當然不是。面對面的時候，我們可以透過表情、動作和氣氛化解誤會，但用電話或文字來溝通時，反而容易加重誤會。因此，情感能力才會這麼重要。我們必須預測「如果這樣講、那樣寫的話，對方會有什麼感受」。有人說，生氣的時候不要寫郵件，情緒激動時寫的郵件，很有可能把事情搞砸。臉上的表情可以改變，但寄出的郵件就很難收回了。

情感能力變得很重要的另一個原因是，每個人都希望自己受到尊重。而在

過去，學生不會在老師面前表露情緒，大家都覺得年輕人應該在長輩面前隱藏自己的情緒。現在不同了，在家人、朋友和同事面前，每個人都希望能平等地與對方溝通、坦率地表達自己的情感，所以受到壓抑時，才會感受到巨大的精神壓力。

因此，**控制情緒不應該只停留在消除負向情緒，而是要培養出能讓他人理解自己，自己也能理解他人的情感能力**。所謂的情感能力，是由自己主導、與世界交流的能力。培養情感能力，不是按照世界要求的、別人希望的那樣來控制自己的情緒，而是在達到自己目的的同時，有效的傳達自己的觀點。為此，我們必須理解人類的情感所擁有的屬性。

最終，控制情緒就相當於培養自信心。覺得自己受辱時，不應該反覆去想，加重自己的不愉快，而是以這種侮辱情緒給出的提示作為基礎，尋找讓自己成長的方法。「自我認同感」就是我們必須邁出的第一步，接下來，我們將進一步瞭解「十四種具高度自由和情感力的情感練習法」。

02
我的心之所以痛，
是因為我的想法
和別人不同？

我們會因為與對方的想法不同而受傷。

就算彼此的想法不同，如果沒有因此而衍生負向情緒，

也不會產生問題。

如果想哭泣，
那就像孩子一樣哭吧。
別忘了你是自由的存在，
表露情感不是一件羞恥的事情。

——保羅・科爾賀（Paulo Coelho）

三個好朋友總是形影不離，但有一天，其中兩個人騎腳踏車出去玩，剩下的「我」知道這件事之後，給其中一人打了電話：

「你們出門去玩了？」

「嗯。」

接電話的朋友直接回答。不知為何我的心情很糟糕，於是又問：

「就你們倆？怎麼沒找我？」

「嗯，我們就剛好一起出去了。」

聽到朋友沒有理由的回答，我掛了電話。那天，如果他回答忘記找我、或是兩個人單獨有事要聊的話，也許我就不會覺得自己被排擠了。期待朋友說出「妳傷心了？對不起，我沒想那麼多啦」的我，也很可笑，只因這點小事鬧情緒的話，也會很奇怪。但當作什麼事也沒發生，又覺得自己很像傻瓜。

「我以為和那兩個朋友的關係很好，難道他們不是嗎？如果是朋友，就不應該讓我傷心吧？做錯事的人是他們，為什麼我要傷心呢？」

值得為這種事情傷心嗎？

我們在生活中經常會遇到類似的狀況，不僅是朋友，還會與家人、同事或同好會的人，發生這種微妙的狀況。

舉一個例子。在公司，組長分配了某項工作，我覺得應該採用A方案，但組長覺得應該選擇B方案。我問組長，是不是應該採用A方案時，組長想了一下，沒有做任何說明直接說：「用B方案。」組長與我的意見可能不同，但我卻莫名覺得被無視了，隨即產生了負向情緒。到底問題出在哪裡呢？

前面舉的兩個例子，都是因為對方的想法和行動讓我覺得受傷，這裡的核心重點是我感受到了負向情緒。這個過程可以分為兩個階段。

第一階段：朋友做了某種行動。

第二階段：我心裡很不是滋味。

日常生活中，我們不會區分這兩個階段，它就像硬幣的正反面。但也有人能夠區分，即使經歷了第一階段，也不會過渡到第二階段。朋友做了某行動，但我沒有受傷，也沒有因為這件事生氣，所以這件事不會成為問題。

之所以把這件事分成兩個階段，是為了明確告訴大家，這個問題的核心並

不在朋友做錯了什麼，而在我產生的負向情緒上。如此一來，可以方便我們分析負向情緒。例如，「心裡不是滋味」的背後，也可能隱藏著這樣的想法：

> 他們丟下我去騎腳踏車→在朋友眼中，我似乎不是一個重要的人（平時好像也只有我和他們話不投機）→我一點也不優秀（我總是和朋友相處不好）→這種感覺讓我心裡很不是滋味。

如果能夠區分行動與情緒再來思考問題的話，就可以具體感受到自己受到了什麼傷害、原本擁有什麼需求，以及自己真正的心情。

負向情緒源自於「傷口」。我們在生活中會受到無數次的傷害，經歷重大事件時會留下心理陰影（創傷，trauma），遇到小事也會受傷（wound）。所謂的傷口，可以定義為對自己（self）進行負向解釋時產生的情感。這是損壞自我價值（self-worth），最終損傷自尊（self-esteem）的行為。

有時即使自己不是當事人也會受傷。父母離婚、或目睹研究所教授詐取助教薪水之類的事，也會受傷；對他人和世界的信任破滅時，也會出現傷口。

重點是，傷口與我的需求受挫有著很大的關聯。即使間接受傷，其中也隱藏著自己的需求。父母離婚或教授的不道德行為不會直接影響到我的利害得失，但希望生活在恩愛父母膝下或向優秀的教授學習，卻是我的直接需求。

也就是說，我因為兩個朋友騎腳踏車出去玩而受傷這件事，其實意味著我很想得到朋友的愛與認可。這種需求促使我平時對朋友好、請他們吃飯、分享有趣的事，從中獲得幸福感。但發生這件事以後，我失去了獲得幸福感的機會。如果我可以從其他關係獲得滿足會怎樣呢？可能我就不會這麼傷心了。

傷口會告訴我們想要什麼

問題在於每個人滿足需求的基準不同，那兩個朋友認為的「親密程度」可能和我想的不一樣。為什麼同樣的朋友，基準會不同呢？因為就算再親密，但

我們畢竟還是人，每個人的價值觀和生活方式都不一樣。

我們稱之為世界觀。每個人的世界觀都不同，而且一個人的世界觀也會隨著年齡而發生變化。我們的世界觀在生活中會不斷修改，當與他人的世界觀不同時，也會進行統合。

這件事發生在我念大一的時候。放寒假，我給同屆三十名同學寄了聖誕卡片，那是我整整花了兩天，親手製作的卡片。當時，在我二十歲的世界觀裡，存在著同校同屆，所以大家應該成為好朋友的價值觀，也希望收到卡片的三十名同學都喜歡我的欲求和幻想。但如果是現在四十多歲的我，應該不會做這種事，因為我的想法改變了——只因為同屆，怎麼可能就都成為好朋友。

那麼世界觀是如何體現的呢？

第一，可以非常直觀地知道。我們看電視新聞時，會立即作出反應。與他人討論某件事時，明明可以換一種角度思考問題，但往往連一秒鐘都不到，就立刻作出反應：「那個人不好」、「那個人做的不對」。

第二，很多時候是義務的情況。像是：「老師應該這麼做吧？」、「如果他愛我，應該這麼做吧？」以「～應該」（should，must）表現出來。像這樣，以自己的世界觀作為標準做出判斷和感受，是非常快速且理所當然的，所以當我們遇到不同的世界觀並發生衝突時，才會認為是對方的錯。在這個過程中，我們會受傷，進而產生負向情緒。

我們受傷時，會先怪對方，然後表達憤怒或遺憾，但最終這種負向情緒都會回到自己身上，產生自我厭惡、自我貶低和負罪感等。我們會覺得，「如果我是乖女兒或乖兒子的話，爸媽就不會離婚了。」、「如果我是一個有趣的人，那兩個朋友就不會丟下我出去玩了。」

因為擔心再次受傷而處在過度警戒的狀態，由於不安一直啟動警示燈，還會為了保護自己而迴避問題。為了不遇到朋友，選擇一條平時不會走的路線，或是把自己關在家裡。分手後，不再去經常去的咖啡店也可視為一種迴避。

另一種情況是，反覆回想讓自己受傷的事情。不斷地回想讓自己受傷的言語、行動和事件。這稱為反芻思考（rumination）。例如，會一直去想，「現在想來，當時組長分派工作的表情太可怕了。」

如果把能量消耗在這種事情上，那麼遇到真正需要能量的時候，就會無力面對：毫無體力和精力跟其他朋友一起去看電影，或是下班以後做一些休閒活動。嚴重的話，還會產生無力感。我意外發現，那些被無力感困擾的患者，他們的思緒都很複雜，因為他們一直反覆回想負向情緒。這樣的人沒力氣做運動，也無法與他人見面聊天，甚至連書也看不進去。這樣下去，便很難維持正常的生活。倍感無力並不是沒有理由的，因為情感能量都消耗在負向情緒上。

讓世界觀相互溝通

那麼我們如何擺脫這種傷口呢？下次再遇到同樣的狀況時，就會不那麼難過了嗎？其實我們心裡已經有答案了，那就是修正自己的世界觀，我們必須承認自己與他人的世界觀共存的可能性。但這種共存並非將自己的世界觀調整得和其他人一樣，而是尋找出溝通的方法。

為什麼婆婆和兒媳會吵架呢？因為兩個人的世界觀完全不同。婆婆認為兒媳理應幫忙準備家裡祭祀的食物，她覺得供奉祖先是子孫應盡的本分，而且也覺得家務活，比起讓兒子來做，交給兒媳更為合適。但現在的年輕人想法改變了，在她們眼中工作比祭祀更加重要，而且認為只讓兒媳來準備祭祀是不公平的。準備祭祀的食物應該交給不上班、待在家裡的婆婆，而且兒子也應該參與。像這樣，當彼此的世界觀不同時，要如何整合呢？

首先，必須講出自己的想法，好好告訴對方「我的想法是這樣的」。告訴婆婆，「因為公司有事，今年的祭祀沒辦法參加了。」接下來，只要按照說的付出行動就可以了。既然不能參加，那就不參加。重點是，過程中要能區分情感。我沒有理由覺得對不起婆婆，也沒有理由討厭婆婆。話已出口，也採取行

動，如果還討厭對方，不僅負向情緒會傳達給對方，也會讓自己受傷。

最糟糕的情況是，什麼也不跟婆婆講，一臉悶悶不樂地參加祭祀，回到家還把脾氣發洩在丈夫身上。關於祭祀文化的世界觀差異，最終演變成了討厭對方，以及抱怨周圍的人。

如果誠懇說明自己的世界觀並且付出行動，對方也會接受。婆婆會覺得，「兒媳是一個重視工作的人。她不是討厭我，而是覺得工作最重要。」

我們之所以會受傷，是因為原本的世界觀被打破了。但也有世界觀過度硬化、無論如何也不會被打破的人，這樣的人我們稱之為「老頑固」。就算子女再怎麼討厭，下屬再怎麼提出要求，他們絕對不會改變自己的想法。這樣的人會受傷嗎？他們會受傷，但比起受傷，他們更執著於改變別人。不過話說回來，最重要的還是修正自己的世界觀。

雖然來找心理醫師諮商的人都說自己的內心出現了問題，但仔細觀察的

話，便不難發現很多人講的都不是「自己的事」，而是「別人的事」。他們講述憂鬱、生氣、憤懣、睡不著覺的原因，都是別人的事。

這樣的問題大部分都與負向情緒有關。講得極端一些，就算有人再怎麼折磨我，如果我沒有負向情緒的話，就不會有任何問題。不會因為爭論、品味和想法不同，而感受到壓力。

有人可以與任何人進行交流，並不是因為他的思想有多偉大，或很懂講話的技巧，這樣的人多半屬於情感能力好的人。他們可以迅速區分想法與情感，不會因為想法不同，就向對方表達負向情緒。這樣的人習慣以此為基礎與他人進行交流，他們也非常瞭解自己的需求。「我現在想和朋友出去玩」、「我想得到主管的認可」。他們能夠掌握自己的需求，並且勇於坦承：「我也想和你們一起出去玩，下次記得找我」、「為了下次做出更好的判斷，我想知道不選A，而是選B的原因。」

若想培養情感能力，首先要練習快速區分情境與情緒。這樣一來，就可以立刻降低沸騰的情緒，適度地表達自己的不滿。接下來，誠實地面對隱藏在「以自我為中心」背後的需求，把能量用在尋找滿足需求的方法上，而不是滋養負向情緒。雖然沒能跟那兩個朋友去騎腳踏車，但我可以找其他朋友去看電影；也可以去書店看一看提升工作能力的書籍。

儘管做出努力，情況也有可能變得更糟。後來得知朋友真的排擠我，或者主管是真的討厭我，然後再次受到傷害。但這麼做至少可以停止自我貶低，不再認為「自己是一個有問題的人」，也會停止反芻思考，不再浪費能量。

一般情況下，因為對方理解了我的世界觀，事情都會朝著好的方向發展。「原來你希望跟大家一起出去玩啊」、「這個組員希望與我的意見達成一致啊」。像這樣，彼此的行動也會因此發生微妙的變化。情感能力是客觀的看待自己和他人的情感，進而擁有改變自己和對方行動的力量。

03.

「想不開」的背後原因，到底是什麼？

我們表露的是真實的情感嗎？

難道沒有其他說不出口的情愫嗎？

我們都有無法對他人坦誠內心情感的時刻。

若某種事物無法滿足你的需求，
也不要驚訝，
因為那就是我們口中的生活。
——安娜・佛洛伊德（Anna Freud）

在人類所擁有的能力中，唯有「認清現實的能力」，可以讓我們生活得更自由、幸福。但遺憾的是，很多人都無法認清自己所處的現況，而是用自己的視角來解讀。這樣一來，不僅容易造成誤會，還會做出不適的舉動，導致糟糕的結果，最終讓自己受到傷害。

很多人際關係的問題也源自這種誤會。聽朋友訴苦時心想：「這點小事而已，有至於那麼難受嗎？」無論怎麼想，也不理解朋友為什麼這麼想不開。可是當自己變成當事者，想法就改變了：「那人分明就是這個意思，所以我才會

這麼生氣。」

我們要尊重自己的情緒，但「尊重」不代表認可情緒是對的。這就好比孩子哭鬧，即使不知道他們為什麼哭鬧，大人會先抱起孩子安撫他們的情緒。這並不表示孩子沒做錯事，或同意當下孩子可以哭鬧。自身的心情很重要，但也要有認清現狀的能力。我們該怎麼做，才能讓兩者共存呢？

分辨心的內與外

這裡要先說明「原生情緒」與「衍生情緒」的概念。簡單來講，內心的情感是原生情緒（原始情緒），外顯出來的情緒則是衍生情緒（隱藏情緒）。瞭解這個概念，就可以解決令我們不知所措的情感問題了。

原生情緒指內心的情感，衍生情緒則是內心隱藏的情感，這樣的情感不會輕易表達出來，因為直接表達可能帶有威脅。有時我們討厭一個人，討厭到恨不得殺了他。如果把這種想法表達出來會怎樣呢？其他人一定覺得我們瘋了。此外，我們的內心存在著脆弱以及想要隱藏的情感。例如，恐懼、不安、罪惡感和羞恥心。這是屬於被壓抑的原生情緒。

我們經歷某件事情時，對此做出的反應是原生情緒，這種情緒是健康且可以適應的，也可視為自然的情緒。被人欺負時，我們會立刻動怒，並且守護自己的領域；母親去世時，我們會感到悲痛欲絕。這種情緒是「適應性的原生情緒」（adaptive primary emotion），屬於對眼前的情況做出本能的反應。當誘發這種情緒的狀況或原因改變或消失，情緒也會隨之消失。這種情緒與人類的生存和安全意識，有著直接的關聯。

健康的人會在適當的時候表露出這種適應性的原生情緒，如果這種健康的原生情緒受到壓抑，就會變成「非適應性的原生情緒」（maladaptive primary emotion）。我將這種非適應性的原生情緒稱為「內在情感」。

例如：小時候，母親掌控了我們所有的事情，每當受到母親管控時，我們

便會表達自己的需求和情緒，讓問題得以解決，這時我們的內心會形成健康的原生情緒。如果情況相反，我們不敢表達需求和情緒，只是對母親感到憤怒，進而覺得無力，最後便會形成非適應性的原生情緒。

衍生情緒則很容易表達出來，它位處於原生情緒的外表，使我們很容易表露出不耐煩、憤怒、挫敗和失望。當自身需求沒有獲得滿足時，就會直接怪罪別人。如果說原生情緒是一個人自編自演，那麼衍生情緒就是把所有的事都推卸給對方。因此，衍生情緒又稱為表面的情感。

原生情緒主要與自己的過去有關，衍生情緒則是他人，會為人際關係帶來負向影響。此外，衍生情緒很像包裝過的「危險的原生情緒」（對於父母的憤怒抱怨、因他人而產生的羞恥心等），讓我們來看一個具體的例子。

在公司，面對指責自己的主管，我突然情緒失控、大吼大叫起來。這個情緒隱藏了過去被母親斥責、且未能誠實表達感受的「自己」。在這種情況下，原本對母親的原生情緒，就會透過對主管的衍生情緒表達出來。

「婆婆什麼事都要干涉，讓我覺得壓力很大，連我去超市採買時，也會無緣無故對在那裡工作的大嬸發火。她們的一舉一動都讓我看不順眼，覺得每個人都無視我，所以情緒就失控了。我很厭惡這樣的自己。」

「小時候，父母很專權。我本來想學美術，但他們叫我去做法官或醫生，沒人在乎我的夢想。我很早便意識到，無論我想做什麼都不可能實現。所以，朋友要是拒絕我的請求，我就會覺得遭到背叛，傷心不已。即使我心裡清楚，沒必要因為這種事難過，但被拒絕時，還是會受到很大的打擊。」

這種情感可視為衍生情緒。因特定事物或動物產生的恐懼也是。小時候被狗咬傷過，長大後看到狗也會害怕，這是因為沒有解決過去留下的情感問題。

在公司、學校、家庭和社會，我們與他人產生的誤會，都是因為原生情緒和衍生情緒，兩者複雜交織在一起。特別是我想得到認可或關愛的人，更容易衍生這樣的誤會。

組長稱讚我旁邊的同事，這讓我想起了過去只疼愛弟妹的父母，但當時我沒有問父母「為什麼不疼愛我」。我工作做得很好，也很努力，所以覺得組長這樣很不公平。在公司的聚餐上，又不能質問組長為什麼偏愛其他組員，所以我就坐在那裡一個人生悶氣，結果搞得組長一頭霧水。

衍生情緒會因為某件事作為導火線而引爆，這種觸發的情況稱為「扳機」。媽媽因為孩子功課不好而苦惱，平時她會把對孩子的不滿壓抑在心底，得知鄰居的孩子考取首爾大學，偏偏走進家門看到自己的孩子一邊看YouTube，一邊吃炸雞在那裡哈哈大笑，於是衍生情緒就爆發了：「你最擅長的就是吃東西嗎？」這也就是說，原生情緒「孩子功課差，所以我很苦惱」澈底解除了牢牢捆綁自我合理化的想法，「雖然孩子功課不好，但他很善良」。遇到「某件事」時，衍生情緒會發展出兩種類型。一是擴散型，把吃炸雞的孩子過去的錯事全部翻出來，媽媽的怒火就像火山爆發，訓斥孩子長達三十多分鐘。相反的，另一種是迴避型，與情緒保持一定距離。媽媽去找朋友聊天，嘗試忘記與孩子有關的事。

情緒健康的人會在現實生活中主動表達原生情緒，不會壓抑原生情緒而觸發衍生情緒。**「遇到心煩意亂的事，必須當下解決。」這句話就是真理**。事實上，情感能力好、情緒穩定的人，分辨原生和衍生情緒並沒有太大的意義。

即使質問傷害我們的人，傷口也不會癒合

我們該如何消除衍生情緒呢？去找製造出我原生情緒的人，當面質問、對他大喊大叫？這樣當然行不通。我們必須明白消除情緒和把這種情緒傳達給製造出該情緒的人，是完全不同的事。

A傷害了我，我要如何治癒傷口呢？A向我道歉，傷口就會癒合嗎？某種

程度來講，道歉會有所幫助。但冷靜分析，其實結果並沒有多大的差異。即使得到A的道歉，我也不會覺得心情舒暢，而且也很難判斷要讓A做到哪種程度的道歉。如果傷害我們的人可以從這個世界上消失就好了，但這是不可能的事。即使A誠心誠意道歉、也受到了應有的懲罰，但我可能不覺得大快人心。甚至覺得一切都是徒勞，產生「這段時間我都做了什麼」的想法。來找我諮商的人中，很多人都因此覺得很無力，罹患了憂鬱症。

A造成的傷害，絕對不可能因為A而癒合。這樣想的話，會帶給人生更大的幫助。那要怎麼做才能消除A造成的傷害呢？**只要好好的活在沒有A的另一個世界就可以了。最好與A做出情感上的分離，讓自己認知到A是存在過去的人，自己已經生活在另一種人生。這種情感分離不是因為脫離A，而是遇到B和C，透過與他人建立關係來培養心理能力。**

透過這種經驗獲得能量以後，才能好好的審視自己，進而培養出「自我診斷的能力」：我生氣了、為什麼我覺得心裡不是滋味、我是因為這個原因而傷心……日後再受到傷害的時候，即使沒有別人的幫助，我也擁有解決問題的能力。擁有這種能力以後，會在某一瞬間察覺到自己很少覺得不耐煩，或是對他人生氣，更會意識到幾乎不會產生衍生情緒了。

「成熟」是成功人生的祕訣之一，從那些克服重重困境和堅持走自己的路的人們身上，我總能感受到他們的「成熟」。而這種成熟的根基在於「誠實接受自己的樣子」。觀察那些自尊心很強的人，會發現他們善於控制自己的情緒。但這並不表示他們的性格有多好，而是他們透過各種經驗學會坦率面對自己的情感。我把它稱為「完美的情感」。

深受原生和衍生情緒困擾的人們，始終存在的問題是不瞭解自己，過著內外情緒不同的人生，最終失去真正的自己。如果無法信任自己的情感，就無法信任他人，進而對選擇和決定也失去信心，最終對自己失去信心。

瞭解衍生情緒之後，人際對話會有什麼不同呢？

如同瞭解自己的原生和衍生情緒，如果能認知到他人的情緒中也存在另一種情緒的話，人際關係就會有所好轉；以他人的情感也存在內外兩面作為前提，與他人相處的時候更能從容不迫。

「他對我生氣，其實是因為其他的事感到不安。」這樣理解的話，應對情況的能力也會提高，進而改善講話的方式。講話方式會有什麼不同呢？妻子看到平時木訥冷淡的丈夫在聚會上跟別人開玩笑，還露出和藹熱情的笑容，於是心生不滿。回到家，看到丈夫脫下襪子也不翻過來、直接丟進洗衣機，於是脾氣整個上來了。

妻子：你怎麼總是不把襪子翻過來啊？

丈夫：一雙襪子而已，發什麼脾氣啊？
妻子：你在外面對別人那麼親切，回到家就這副模樣。
丈夫：我怎麼親切了？總不能愁眉苦臉地坐在那裡吧？

沒翻過來的襪子和聚會上的態度，兩者看似毫不相關，但妻子心裡有自己的想法（原生情緒）。她對丈夫平時沒有滿足自己的情感需求產生了不滿。

妻子：你怎麼總是不把襪子翻過來啊？
丈夫：啊，我馬上翻過來。但話說回來，妳怎麼了，有什麼事嗎？
妻子：覺得在外面那麼親切的一個人，怎麼回到家連這點小事也做不好。
丈夫：妳有什麼傷心的事嗎？
妻子：聚會上，你只顧著跟別人講話都不理我。
丈夫：啊，原來是這樣。對不起，但我覺得跟妳聊天更有意思啦。

兩種對話方式，你會使用哪一種呢？如果你習慣後者的說話方式，也就是能觀察對方內心的話，很大程度上生活也會過得很舒心。

仔細觀察生活周遭，你會看到將自己的衍生情緒發洩在別人身上的人。早上被老闆訓斥後，回到辦公室開始訓斥組員的組長就是這種人。遇到這種情況，組員覺得被組長攻擊，於是我也要進入戰鬥模式，馬上做出防禦。這樣一來，等於捲入了對方的衍生情緒。

以自我為中心的人，特別是很自戀的人會立刻進入以下模式：不僅覺得「我做錯什麼了，憑什麼這麼說我？我工作做得好好的？」甚至還會在腦海裡翻找出組長做過的各種錯事。這樣一來，只會讓情況更糟。妻子從一雙襪子開始，最後連去年過年的壓力也發洩出來，丈夫為了防禦妻子的嘮叨，把戀愛時的舊事也翻出來講，這場情感之戰就永遠沒有結束的一天。

如果不想這樣下去，**第一，馬上停止戰鬥，並且觀察對方的內心**。「老闆訓斥了組長，組長一定倍感壓力。但他本性不壞，等日後他氣消了，肯定感到很愧疚。」像這樣，**站在對方的立場來分析生氣的原因，就不會立刻產生負向情緒了**。此外，這種情況要注意的是，**不要把焦點放在對方人格或個性，而是要對準當下的行動**。

第二，不要反覆回想不愉快的事情。反覆回想只會刺激負向情緒，然後下意識回憶起令人不愉快的事。這樣下去，只會加重負向情緒，相當於把對方的衍生情緒變成自己的。從「我為什麼總是失誤」開始，到得出結論「只怪我太笨了」。最糟糕的想法還有，「我被組長盯上了，以後肯定沒有機會升職，我不會有未來了。」

第三，嘗試共感式傾聽。既然知道組長是出於不安而發火，也知道沒有必要過度放大自己的失誤，那麼接下來就要解決人際關係的問題了。面對莫名其妙發洩脾氣的組長，我可以做到「共感式傾聽」嗎？雖然無法立刻做到，但嘗試的瞬間就會發生改變。

一個星期後，跟組長喝咖啡時，可以嘗試這樣的對話：「您最近很辛苦

吧。因為業績不好，大家都很擔心，但您的壓力一定更大。我也會努力工作，儘量減少失誤。」聽到我這樣講，也許組長會道歉說：「那天，真是對不起了。」人際關係會透過這種共感式傾聽發生變化。來諮商的患者中，有人很高興地告訴我，自己與平時覺得很可怕的同事透過這種方式改善了關係。大家在體驗過這種變化以後，提升了自己的自尊感。

第四，在進行有關衍生情緒的對話時，最好不要問為什麼（Why），而是從「什麼」（What）、「怎樣」（How）來接近問題。不要問組長「為什麼生氣？」，而是問，「因為什麼事生氣？」或「因為怎樣的情況生氣？」「為什麼」並不適合提問，因為這是在詢問理由，如果對方知道自己生氣的原因、且盡力消除憤怒的情緒，那打從一開始就不會發展出衍生情緒了。而且「為什麼」這句話的背後，隱藏著「事情本來不是這樣，你為什麼要這麼做」的含義。因此，最好善用「什麼」和「怎樣」來提問。

以上，我們瞭解了原生情緒和衍生情緒之後，大家應該會產生一個疑問吧？我要怎麼知道不適應的原生情緒連接了衍生情緒呢？

第一，比起狀況或受到刺激的強度，做出「過度的」強烈反應。在莫名其妙的狀況下，對不適當的人發洩情緒，不免會做出過度的反應。對方只會覺得，「這人是怎麼了？」

第二，即使狀況和受到的刺激消失了，情緒也不會消失。就算兒子關掉了YouTube，媽媽也不會覺得心情舒暢，反而可能氣上加氣。

第三，遇到同樣的狀況會反覆同樣的模式。丈夫週末去參加登山車同好會的聚餐，這次妻子會因為他脫下的牛仔褲沒有翻正而生氣。

如果總是覺得被這樣的情緒影響，那麼就有必要分析隱藏的原生情緒是什麼，然後有意識地正視「現實情況」，思考我的情緒與什麼有關，且是否適

當。在與他人的關係中也要嘗試共感式傾聽，在努力理解他人的過程中，將有助於解決自己長期以來的問題。

04、為什麼我們會無緣無故吵架？

「似乎有我不知道的原因。」

僅僅這麼一句話，就能瞬間改善原本存在的問題。

為什麼呢？

不論我們的靈魂是什麼做成的，
他的和我的是一模一樣的。

——艾蜜莉・勃朗特（Emily Bronte）

我們透過情感、情緒與他人溝通並建立關係，可以視為與對方長時間維持某種特定的情感狀態。最簡單的例子就是墜入愛河。我們從決定與對方交往的瞬間開始，便與那個人共享只屬於兩個人的主觀情感，並且會努力地、積極地持續這種狀態。即使有負向情緒，也不會立即表現出來，而是會思考如何傳達給對方，積極地解決情感的問題。

但奇怪的是，我們只會在情侶關係上煞費苦心，卻不願把精力傾注在其他關係上。如果能像對待情侶那樣，對待父母、朋友和同事等人際關係的話，就不會發生那麼多的問題了。我們為什麼會這樣呢？

為什麼會無緣無故吵架呢？

所謂好的關係，是指彼此的需求相互吻合的關係。最具代表性的就是醫生與患者的關係。我為患者諮商，很少會發生衝突。因為身心俱疲而來到醫院接受治療的患者的需求，與我想要為患者治療的需求，自發的形成了合作關係，兩者之間不存在著需求不一致，就不會產生負向情緒。

但這種需求的一致性有時也會破裂。例如，患者要求我寫一份職業疾病診斷書，但站在醫生的立場，會因為患者沒有職業疾病，而無法提供職業疾病診斷書。因為這件事，我們的合作關係破裂了。患者的需求沒有得到滿足，醫生的需求也沒有得到滿足；患者希望得到職業疾病的賠償，但醫生不可以違反醫療法。雖然各自持有合理的理由，但還是會發生衝突，進而引發負向情緒。

如果說需求是自己內心的問題，那麼目標就可以理解為自己與他人共同的問題。所有的人際關係裡都存在目標。這樣講的話，會不會覺得自己很自私？

是不是覺得自己為了實現目標而利用了他人呢？

但真正的問題是，目標會出現在不明確的地方。只有明確知道目標在哪裡，才能培養出情感能力。目標與情感有什麼關連，以及如何影響人際關係，可以總結為以下三點：

1. **首先會產生與目標相關的情緒和情感**。例如，我暗戀的對象無視我時，我會產生某種情緒。相反的，我毫不關心的對象無視我時，則沒有任何情感起伏。
2. **其次，情緒和情感是否與我的目標一致，分為正向或負向情緒**。暗戀的對象對我微笑時，我會覺得幸福、開心，產生正向的情緒。如果暗戀的對象無視我，我會覺得傷心、悲傷，產生負向的情緒。
3. **最後決定應對的方法**。如果暗戀的對象開朗地跟我打招呼，我也會因為正向情緒主動做出回應。如果暗戀的對象無視我，我會因為負向情緒而猶豫不決，不知道應該假裝沒看到他，還是抑制負向情緒主動打招呼。

希望得到那人的愛的需求，想要和那人交往的目的。當需求與目的存在的時候，情感也會變得更加強烈。需求和目標變得明確以後，情感的問題也會跟著更加明確。

通常我們會覺得工作建立的關係比私人關係更難，但也有很多人認為前者較容易，因為工作建立的關係帶有明確的目標。這種關係最終的目標是，我要做好這件事，獲得認可，得到更好的獎勵，因此就算發生了瑣碎的矛盾傷害了情感，也會為了實現最終的目標而控制情緒。此外，就算真的傷了情感，也會為了目標而和解。

在父母、朋友、兄弟姊妹和夫妻等的私人關係中發生的情感問題，之所以難以處理，是因為沒有明確的目標。特別是父母與子女之間，這種關係存在的某種目標很難講清楚。更大的原因是，這種關係不是「選擇」的。為了目標而選擇的關係，就算有負向情緒也會有明確的解決辦法，但不是選擇的關係，即使很小的衝突也很難消除，哪怕是隨著年紀增長也很難解決。

我來舉一個例子。有天放假，我正在睡懶覺，媽媽突然闖進我的房間發起了火：「妳怎麼把脫下來的衣服隨便亂丟呢？妳在公司也這樣嗎？我是妳的保母嗎？」聽到媽媽這樣講，我覺得很荒謬，也跟著生起了氣：「我在睡覺。我的衣服，自己會整理啦，不用妳管。發什麼火啊！」

在家裡經常會發生這種事，但卻想不明白為什麼這種情況會反覆發生。媽媽會覺得，「別人家的小孩都會幫忙做家務，為什麼自己家的小孩這麼懶惰？」但我也會想，「別人回到家，媽媽都會貼心照顧，但我媽怎麼這麼嘮叨呢？」我會覺得心裡很不舒服，不知道為什麼我們母女之間總是這樣。

這是因為母女的需求和目標不一致。媽媽希望得到女兒認可，希望女兒知道做家務的辛苦，同時也希望女兒可以分擔家務。但女兒只希望得到媽媽的照顧，在外面工作一整天已經很累了，回到家只希望好好休息。彼此的需求不

同，目標也不一致，所以產生負向情緒。遇到這種負向情緒，要如何處理呢？

情感的合理化，「存在那樣的理由」

首先我們必須承認的是，無論哪種關係，我們都無法理解和統一每個人的需求和目標，因為我們都是獨立的個體。下定決心要滿足對方的需求和目標並不是一件好事，因為這樣只會讓自己附屬於對方，更無法期待對方完全同意我的需求和目標。雖然我們可以向他人說明自己的需求和目標，並尋求幫助，但最終只能靠自己滿足需求和實現目標。

我們可以做的只有「認可」因為需求和目標產生的自己及他人的情感。這就是「情感的合理化」。情感能力好的人，正是善於將情感合理化的人。

舉一個例子。考證照沒通過了，我難過到哭，但爸爸卻說，男子漢怎麼能為這種小事掉眼淚呢。聽到爸爸這樣講，我會覺得哭泣是不對的，最後也搞不清楚自己想要的是什麼了，甚至還會覺得為這種事情哭很愚蠢。同時，也會埋怨爸爸，父子關係進而變得生疏，有了距離感。

讓我們換一種角度，從「情感的合理化」來分析這件事。首先，來看一下「我的情感合理化」的情況。這件事的確讓我難過到很想哭，所以不應該考慮別人期待的反應（爸爸說，男子漢不應該為這種小事掉眼淚），而是應該意識到既然我這麼難過，那麼這次考試失敗就不是爸爸口中的「小事」，是對我來說「很重要的一件事」。這樣一來，會覺得「我是真的很想做這件事」，並立下「下次一定要成功」的目標。但也有可能因此突然醒悟，「這件事不適合我，這不是我想做的事情。」

簡單來講，情感的合理化就是「存在那樣的理由」，意即「理解自己的需求」。如果能透過情感合理化來審視自己的需求、培養做決定的能力，那麼也會提升情感能力。對自己的情感有信心，言行和表情也會發生變化。看到這樣

的我，爸爸對待我的方式也會改變。最終，我對自己更有信心。

換個立場，我們如何合理化他人的情感呢？迎合對方就可以了嗎？對方心情好時，這樣做很容易；心情不好時，迎合就變成一件棘手的事。首先會覺得對方的負向情緒與他沒有滿足需求和實現目標有關。這時，我們最好不要想「他為什麼生氣」，而是換一種角度，「他這麼生氣，一定是有什麼需求吧？」

情感合理化能力好的人善於平息對方的怒火，他們講的每一句話都能對症下藥。只要說一句：「似乎有我不知道的原因。」也可以讓對方感同身受，進而改變態度。

所謂真正的情感合理化，既要合理化自己的情感，同時也要對他人的情感合理化。只對自己的情感合理化的人會很自私，反之，只對他人情感合理化的人，則很在意他人的看法，不懂得顧及自身的情感。這樣的人自尊也會很低。

有一個概念與情感合理化有關，即「心理可見性」（psychological visibility）。顧名思義就是，看見隱藏的內心。

舉一個例子。孩子打碎了花瓶，媽媽做出這種反應：「沒受傷吧？媽媽來清理就好。」清理乾淨碎花瓶以後，媽媽問孩子為什麼打碎花瓶。孩子回答說：「因為覺得花很好看，想拿一朵送給媽媽。」聽到孩子真實的想法後，媽媽說：「原來是這樣啊。可是花瓶碎了，你一定很難過吧。但媽媽還是要謝謝你。」如果母子之間經常體驗心理可見性，會發生什麼變化呢？

媽媽看到了孩子隱藏的內心，進而意識到與孩子的關係更靠近了一步。日後，與孩子溝通的時候，會更努力去探詢孩子隱藏的內心。孩子也會更坦誠地表達情感和想法，不論對任何人都有自信表達自己。另外，等孩子長大成為父母以後，也會像媽媽對待自己一樣對待自己的孩子。

再舉個例子。如果父母都是上班族，會對這件事感同身受。下班回到家，發現孩子在等爸媽。孩子會跟爸媽講述一天發生的事，看到有趣的漫畫書和YouTube影片。孩子在學校和朋友玩了一天，為什麼回到家還要纏著父母講個不停呢？況且，媽媽也不是很清楚孩子在講什麼。但是，我們想一下情侶之間，談了很久戀愛的兩人還是會整夜講電話，而且聊的都是雞毛蒜皮的小事。

心理學家納撒尼爾．布蘭登（Nathaniel Branden）提出的心理可見性，其核心是我們會透過他人的反應來認知「自己」。父母對我講的話做出怎樣的回應，戀人對我講的事情做出怎樣的反應，決定了我客觀認知到我是「寶貝的孩子」或「被愛的對象」。

處理好人際關係，等於讓對方親眼確認自己的情感。當對方講有趣的事情時，笑臉相迎的人和不耐煩的人，哪種人更能處理好人際關係是顯而易見的。但這並不是同意對方所有的觀點，或感同身受就能讓對方感受到「心理可見性」。即使彼此的觀點不同，只要對對方講的話做出適當的反應：「我理解你說的。」、「你講的這一點很有趣。」這樣就不會引起負向情緒，還能夠在良好的氣氛中讓話題持續進行下去。

善於討論的人，即使持著與對方完全不同的觀點，也可以很自然地延續話題。相反的，有些人就算立場相同，但交談下來還是會搞砸別人的心情。因為這樣的人不在乎對方的心理可見性，只顧講自己的。**如果我們能讓對方覺得「我在聆聽」，不論什麼事都可以溝通。**

與溝通相關的書籍，都會談到這一點。最成功的協商是「雙贏」（win-win），我有我想要的，對方有對方想要的，協商的前提就是知道雙方持有不同立場與觀點。也就是說，只要告訴對方「我知道你想要什麼，也知道你為什麼想要」，便能成功引領協商。即使是敵對關係，在追求各自利益的協商中，心理可見性也很重要。因此，我們在建立日常生活中的人際關係時，特別是在想要確認彼此情感的關係，無疑成了一個很重要的問題。

如果不知道如何共感的話

仔細閱讀納撒尼爾．布蘭登在著作《自尊心：六項自尊基礎的實踐法》中，提到的心理可見性，會覺得非常有趣。體驗心理可見性會發生什麼事呢？首先，會讓人感到心安。當我們感受到對方的注視、理解自己時，會覺得得到了認可，也會覺得與對方處在同一個世界。**要想與他人建立滿足的人際關係，就需要處在同一個世界的感覺。如果沒有這種感覺，便無法建立良好的關係。**

心理可見性可以消除人類的孤獨。人類的強烈需求之一，就是歸屬感的需求。不需要太多歸屬感的人，只要有一個對自己來說有意義的人陪在身邊，人生便不覺得孤獨。那個「有意義的人」，就是讓我們感受心理可見性的人。

但也有一些人會妨礙我們的心理可見性——想要「控制」一切的人。最具代表性的例子就是控制欲的父母，他們無視孩子的感受，只要求孩子符合自己的標準。與這樣的人在一起，我們非但不會感受到心理可見性，還會覺得「無法與這種人溝通」。

最終心理可見性與「共感力」相連。眾所皆知，人際關係最重要的是共感與溝通，但共感沒有想像中那麼容易。很多時候我們常覺得不知如何是好。

「女友突然哭了，我一時不知道該怎麼辦。我的共感力很差嗎？」

「我想安慰弟弟，但不知道怎麼做。我們天天吵架，突然安慰他也很尷尬。」

大家很常聽到這樣的苦惱吧？共感不是「對方與我的情感相同」，而是能看出「對方有情緒（特別是負向情緒）的原因」。講到共感，我想起了一家電信公司的廣告：一位僧侶與男人走在林間，兩人沒有交談，只是默默並肩散步，但我卻從中感受到共感。我覺得這個廣告充分表達什麼是共感，其實表達

共感，不需要太多的語言，共感不是僅由一方帶動的事情。共感是並肩前行，或與對方保持兩、三步遠的距離、跟隨在後，絕不是領先走在前頭的事。

為了恢復關係，脫口而出的話語有時反而激怒了對方。這種情況，通常發生在我想要引導對方共感的時候；對方講不清楚自己負向情緒的原因，我試圖幫忙說明的時候。這種行為不是共感，而是擅自揣測、多管閒事或強加於人，我們應該牢記，共感是「透過情感的溝通」。

「孩子被同學打傷了下巴，留下了一道很大的傷疤。雖然打人的孩子道歉了，但我反而對丈夫很生氣。因為去見老師的時候，他就只是畢恭畢敬地聽著，我心裡都快難受死了，但他好像一點也不難受。」

大家或許有過類似的經歷。站在丈夫的立場，他會覺得打人的孩子已經鄭重道歉了，而且重點不是向老師表示抗議，而是預防同樣的事情不再發生。這個問題沒有對錯，只是這兩個人沒有感受作為夫妻同屬一個團隊的歸屬感罷了。由此，我們可以推測出，平時丈夫幾乎不會跟妻子做情感上的交流。孩子受傷，丈夫怎麼可能不心疼、難受呢？很可能是他覺得不應該表露情感而已。另外，妻子也不曾有過「情感合理化」對象的體驗。

精神病學的醫師也會接受不表露情感的訓練，特別是佛洛伊德指出，醫師不應向患者表露自己的個性。如果醫師與患者之間有情感的交流，會在兩者之間形成主觀關係，這會影響患者自由表達，以及妨礙醫師保持客觀的態度。

我認為醫師保持客觀性與向患者傳達情感是不同的問題，借用前文提到的概念來解釋，就是醫師應該充分向患者表達「心理可見性」。不過，我也可以充分理解佛洛伊德指出的觀點。我們知道在建立人際關係中，情感的溝通可以帶來多大的力量。因此，最近心理治療的趨勢正從分析內在矛盾，逐漸轉向重視情緒和人際關係。此外，醫師的角色也從「冷漠的分析家」轉變成「包容者」，有別於過去，還出現很多重視治療關係的心理療法。

從這種變化來看，具備表達、分享情感的能力非常重要。共感驚人的功能之一，是把我們帶入遊戲的世界。我們為什麼見朋友呢？原因很簡單，為了愉快地玩在一起。仔細觀察玩耍的孩子，會發現他們玩耍時不會隱藏自己的情感，每個人都能坦誠表達、好好地回應對方的情感，共享玩耍時的快樂情緒。有人摔倒受傷，哭泣，其他孩子會上前安慰，就算吵架也很快和好如初。

大人也和孩子一樣，關係好的朋友、戀人和夫妻，會像孩子般開心地玩在一起。即使上了年紀，情感好的兄弟姊妹也會像小時候一樣愉快地相處。長大後，參加國小同學會時，也能和當年一樣跟大家玩在一起。我們都羨慕「能與所有人相處融洽的人」，因為這樣的人懂得建立良好的人際關係。想要跟大家相處愉快，就要學會共同營造正向情緒，成為「即使沒做什麼特別的事，也讓人覺得在一起心情愉快」的人。

05.

為什麼我不能釋懷搞砸的事?

負向想法就像滾雪球越滾越大。

怎麼做才能斬斷這種想法呢？

如何不誇張的表達自己呢？

你整日的想法塑造了你這個人。

——約瑟夫・墨菲（Joseph Murphy）

比起邏輯性的問題，與情感有關的問題更難處理。這是因為情緒容易被放大，特別是負向情緒更容易被放大。我將這種情況稱為「自我放大負向情緒」。

「為什麼那時我沒有講出來呢？我很後悔，整夜難眠，躺在床上總會想起那件事。」

放大負向情緒的原因，是因為反覆回想當時的糟糕狀況，回想自己的失誤和做錯的事，覺得「如果當時沒做出那樣的選擇，就不會發生這種事情了」。

負向想法只會像滾雪球越滾越大

反覆回想之前的失誤是有原因的——為了解決問題。到底哪裡出了問題呢？希望透過仔細回想發生的事情，找出解決的辦法。但是，這麼做，事態並不會朝著明朗的方向發展，而是讓自己越來越執著於負向細節。

如果原本想要解決問題的想法越來越模糊，且一直沉浸在負向情緒中，那麼只會加重負向情緒。雖然罹患憂鬱症和感到不安的人的情況不同，但他們都會反覆回想過去，這樣做只會加重憂鬱感和不安感。

「擔心」與反覆回想屬於類似的行為。擔心是很一般且正常的反應，但它會與反覆回想結伴同行，而且越來越嚴重。事實上，正向思考未來的事情才能解決問題，才能把想法轉換成行動製造出能量。如果一直沉浸在已經發生的事情裡，會變成怎樣呢？

一方面這可以看成是一種自我安慰，因為會覺得「我為了解決問題付出了努力」，但這樣做只會走向悲劇，最糟糕的情況是不停地去想像。

今天打工出了事，一想到明天要去店裡，怎麼都睡不著，躺在床上反覆回想自己的失誤，隨即腦海中浮現出了老闆斥責的表情和他講的那些話。心想，也許明天老闆會叫我走人，如果失去這份工作，這個月的生活費就不夠用，況且這個月要繳的錢很多。向周圍的朋友借錢？可是又找不到可以借錢的人。想著想著，又想起之前自己也犯過相同的錯誤，進而覺得這樣的自己很糟糕。但是仔細一想，又覺得很委屈，不知道這件事是自己的失誤，還是老闆的錯誤。就這樣，負向想法像雪球越滾越大，最後睜著眼睛到天亮了。

隔天在這樣的狀態下去打工，會怎麼樣呢？也許做什麼事都低聲下氣、連連道歉，又或者覺得老闆會趕我走，以強勢的說話語氣來表示內心的抗議。

再舉一個例子。就職於同一間公司的男友不想公開我們的戀情。男友是正式員工，而是我約聘員工，所以最後我得出「因為我是約聘員工，所以他才不想公開戀情」的結論。這比之前跟沒有工作的男友交往，更傷我的自尊。

遇到這種情況時，應該直接詢問男朋友不想公開戀情的理由。也許他覺得還沒有得到公司的認可，擔心大家說他只顧談戀愛；又或者是他之前也有過辦公室戀情，但最後痛苦分手了。說不定他想再交往一段時間，等彼此關係確定了以後再公開呢？換一個角度思考，我真的很想公開戀情嗎？公開戀情的話，其實對自己也沒有什麼好處。

但我覺得「公開戀情＝確認對我的愛」，所以要不停地確認男友對我的情感，於是遇到小事也會覺得很受傷。這與不公開戀情的負向因素（約聘員工）放在一起思考的話，只會放大自己的負向情緒，讓雪球越滾越大。

如何擺脫負向情緒

當負向情緒產生的時候，我們通常會說：「來，讓我們仔細回想一下發生了什麼事情。」當然，這樣做是為了解決問題，但反覆回想並沒有什麼幫助。

因此，我不建議大家使用這種方法。**如果一定要回想過去的事情，建議「動筆寫下來，整理成文章」**。寫文章可以促使我們自然而然有所感悟——「這個問題，我似乎想錯了！」寫文章可以整理和概括思緒，透過這個過程，順其自然地實現情感客觀化。

對於沒有消除負向情緒、以正向思考問題設定為目標的人來說，反覆回想的方法就更加沒有效果了。這樣做反而加速放大自我負向情緒的速度。既然這樣，擁有良好情感能力的人，如何阻止自我放大負向情緒呢？

第一，首先先正視自己的情感。正如在「情感的合理化」中學習到的，正視自己以約聘員工的身分工作很辛苦，而且還不是在其他公司，而是與交往的人同屬一間公司，這樣怎麼能不對自己的身分敏感呢？心裡難受是理所當然的。正視情感，放在他人身上很容易，我們很容易對別人難過的事情感同身受，給予安慰，但卻不會這樣對待自己。因為很多時候，我們都在抑制自己的情感，覺得「這樣對自己很像傻瓜、很沒出息」。

用力捏氣球，氣球早晚會爆掉，情感也是一樣，不會因為被壓抑就澈底消失。覺得自己這樣很像傻瓜，也決心下次再也不要這樣，反而更加傷心難過，還會聯想很多不相關的事情，這就是放大情緒的開始。由於自我放大情緒，還會連帶出過度的自我安慰，「我這麼生氣都是合情合理的，這麼不安也是理所當然的。」像這種過度的合理化心理，背後隱藏著把責任推卸給他人的想法，因此無法正視自己。第一步必須先正視自己的情感，然後才能邁入下一個階段。

第二，捫心自問產生這種情感的原因。當然，說不定能找出二十多種原因。男友分明在交往初期就表明，辦公室戀情讓人很有負擔，所以希望先對同事們保密。但最近，我看到男友和A在茶水間一邊喝咖啡，一邊有說有笑的聊天。A的學歷高、家境好，最重要的是，她是正式員工！想到這裡，我不禁想像，「如果是A的話，男友應該會公開戀情吧？」這時，男友要是突然因為母親住院而取消約會的話，我甚至還會懷疑他在說謊。

此時，**你必須思考的問題是，「我為什麼會產生這樣的想法」**。人們在反覆回想的過程中，常常會糾結於他人的一舉一動，但其實我們應該審視的是自己。這樣才能找到原因：「我是羨慕剛進公司的A是正式員工，我擔心男友和她走得很近，之後會和我提分手。如果男友離開我，就說明我這個人真的很糟糕。」

第三，客觀地分辨情況。為什麼我們會反芻思考呢？牛有四個胃會不斷地進行反芻，牠們這樣做是為了消化。人也是如此，我們為了消化而反芻思考。也就是說，在無法消除負向情緒時，才會不斷回想自己不理解和無法接受的事。

為了擺脫這種狀態，我們需要的是「辨別的鏡子」。**辨別的能力讓我們具備客觀的視角**。這樣一來，便可以理解為因為男友是A的主管，所以兩個人自然走得很近。而且還會想起男友之前提到母親需要定期洗腎的事情，取消約會

正是因為母親的腎絲球過濾率太低，緊急住院了。

第四，重返現狀。讓自己的意識回歸現實。如果你正在喝咖啡，可以先聞一聞咖啡的香氣，再品嚐一口咖啡，感受一下苦、酸、甜的奧妙結合。拿起咖啡杯，感受留在杯子上的餘溫，以及咖啡流入食道的感覺。

如果現在正在公司上班，不妨把精力集中在當下正在做的事情上。感受手指敲打電腦鍵盤時的輕快觸感，閱讀資料時快速轉動的瞳孔，以及各種資訊徘徊在大腦中。在放大負向情緒以前，回到當下「我正在做的事情上」。

當然，重返現狀也需要練習。我推薦的方法是立刻含一顆味道濃烈的糖，然後集中精力感受和描繪它。它的味道如何？舌頭的觸感如何？喉嚨散發出清爽的香氣……用這樣的方法帶自己「重返現狀」，然後讓自己專注於正在做的事情上，進而擺脫負向情緒。

這就是擺脫「自我放大負向情緒」的方法。我在另一本著作《不讓自己受

傷》（나를아프게하지않는다）中提到，為了提升自尊，我們需要「尊重的鏡子」和「客觀的鏡子」。在本書中，我想告訴大家，我們還需要「反思的鏡子」和「分辨的鏡子」。只有自我反思，並且在快速地分辨事態的時候，我們放大負向情緒的行為才會消失。這難道不是我自己的想像嗎？這是確認的事實嗎？最好能夠習慣性跟自己提出這類問題。讓我們養成習慣對自己和對方發問：「這是確認的事實嗎？」

如何讓心態恢復原狀

我們再來詳細瞭解一下負向情緒與正向情緒。我們在正向情緒下，是不會反芻思考的。為什麼呢？首先，這是因為負向情緒比正向情緒更多樣化，想一想與情感有關的詞語，很多人可以接連說出負向情緒的詞語，但正向情緒的詞語，卻講不出幾個。

在人類生存的過程中，負向情緒比正向情緒更為重要，且存在於人類DNA裡的。例如，只有感到不安，我們才能擺脫猛獸存活下來。這是人類會採取的行動，我們稱為「明確行動的傾向性」（action readiness）。

相反的，正向情緒的行動傾向性並不明確。中了樂透以後，有的人喝酒、有的人買房、有的人辭職，也有的人捐款，大家的行動不同，可以有幾十種方式。但遇到猛獸時，我們都會選擇立刻逃跑，負向情緒提高了我們的反應速度。以下為心理學家芭芭拉．佛德利克生（Barbara Fredrickson）整理出來的負向情緒與正向情緒的功能。

負向情緒的功能

- 具有應對危險和危機的適應性功能。最具代表性的例子是不安與恐懼。
- 根據特定的行動傾向性採取行動。告知危險，縮小反應範圍，迅速應對危險。遇到恐龍時，必須採取逃跑或制服恐龍，其中一種行動。

- 集中應對眼前的狀況。拘束和限制行動。像是我們傷心難過時，會沒有精力參與休閒活動。

正向情緒的功能

- 正向情緒有別於負向情緒（不安全的信號），會開啟安全的信號。
- 因此，會發揮擴大和增加適應未來能力。
- 誘導不特定的行動傾向性。例如，草莓很好吃，有的人會買更多的草莓，有的人則會分送給鄰居。
- 正向情緒會擴大和積累個人資源，以應對之後發生的其他狀況。
- 正向情緒可以促進認知活動，形成新的行動傾向性，有助於豐富想法和創作活動。

無論是正向還是負向的情緒，其中的一種信號，是告知我們此時應對的方

式是否妥當。

負向情緒的情況↓現在應對的方式不妥當，需要改善。

正向情緒的情況↓現在應對的方式妥當，需要強化和擴大。

過去流行過正向心理學，現今卻出現了「失控的正向思考」這種用詞。特別是隨著社會越來越不平等，人們越來越難以憑藉一己之力維持生計以後，連帶得正向情緒也變得難上加難了。我覺得這裡存在著誤會，正向心理學並不是「正向地去看待所有的事情」。

「熱情勞動」這一用語也是如此。面對自己的工作，擁有「熱情」是很重要的，但問題是正當的勞動酬勞不能以「熱情 Pay」（低酬勞）之名來支付。當我們意識到「對方在利用我的熱情」時，自由自主的能量也會受到阻礙。這樣一來，人際關係和在組織裡的溝通就會出現問題。

近年來，市面上出現了很多講解人際關係中負向情緒問題的書籍，很多書都在教大家不要一味做善良、容易被人欺負和被利用的人。但仔細看內容，都只集中在瞭解自己的負向情緒上，解決方案大多也只是斷絕人際關係。當然，不正當的關係自然要斷，但是，**真正解決問題的方法不是將自己放在負向的情緒裡，而是以「正向情緒解決關係上遇到的問題」**。

本書後面還會詳細提到，除了「創傷後壓力症候群」以外，還存在著「創傷後成長」。受到傷害，當然會心痛，但也可以透過治療的過程，讓自己變得比受傷之前更健康。

之所以要警惕自己不要放大負向情緒，是因為它會妨礙自我價值的實現。負向情緒可以帶來變化，正向情緒也可以，好的變化甚至能夠讓過去的情感消失，引領我們進入一個全新的情感世界。如果持續放大負向情緒的話，就只會讓自己身陷於情感的漩渦之中。

為了阻止自己放大負向情緒，我們必須擁有正向情緒，正向情緒可以幫助我們重返原狀。負向情緒還會帶來身體的變化：身體僵硬、呼吸急促、難以消化。只有在感受到正向情緒的時候，這種身體上的緊張感才會消失，這就是我們常說的，「唯有心情舒暢，身體才會健康。」唯有如此，才不會有雜念，自尊感也會隨之提升；佛德利克生將此變化稱為：「正向情緒的恢復原狀假設」（undoing hypothesis）。

擺脫自我放大負向情緒，就像是讓倉鼠從滾輪上下來一樣，自以為很努力往前跑，其實一直待在原地。因為停下來會感到不安，所以停不下來。讓我們利用正向情緒力量從滾輪上下來，擺脫負向情緒，讓自己更放鬆、更自由吧。

06.
為什麼只有那個人
讓我心裡不是滋味？

為什麼我只在那個人的面前像個孩子呢？

為什麼只有那個人會讓我心裡不是滋味呢？

為什麼越是親密的關係，越容易扭曲情感呢？

已經足夠，
送出的數目應該與習慣成比例。
——艾蜜莉・狄金生（Emily Dickinson）

「我的男友是一個很有自信的人。雖然家境清寒，但他很努力上進，現在從事專職的工作。而且他自我管理十分嚴格，跑完很多次的全程馬拉松，也很會穿搭。我和他走在路上，經常有人會回頭看他。我很喜歡他的自主和帥氣，現在我們住在一起。但是，每次我下班晚回家或跟朋友見面，他都會很生氣。除了上班時間，他總是希望我能和他待在一起。擔心分手的人應該是我，可為什麼他會這麼纏著我呢？在外面那麼有自信的一個人，在我面前卻像個孩子。他是因為太喜歡我才會這樣嗎？我該怎麼辦呢？我多多關心他，常常陪在他身邊就沒事了吧？」

即使擁有社會成就和安全感的人，也會在某種關係裡變得和孩子一樣。孩子既渴望得到對方的愛，同時也會利用對方對自己的情感。有些話出自旁人之口會覺得沒什麼，但如果是父親講了同樣的話，便會一輩子留在心裡。這是因為自己的內心深處渴望得到父親的認可與愛。有的人不敢對朋友發脾氣，但卻能輕易對母親發脾氣。這是因為他知道母親疼愛自己，所以在利用這份情感。

我們成人之後也會想要依附

這樣的情況都與「依附」有關。**依附，是指一個人與另一個人形成特別且正向情緒的連帶關係。根據約翰·鮑比（John Bowlby）的「依附理論」，小時候對父母的「安全型依附」，會對成人後建立人際關係帶來影響。**但不用擔心，就算小時候缺少依附經驗，也不代表在人際關係和控制情緒上存在問題。相反的，成人以後也可以克服經驗不足的問題。

依附理論非常有趣。約翰・鮑比將依附分為四種類型：

①安全型依附

②焦慮矛盾型依附

③迴避型依附

④混亂型依附。

大體上又可分為：安全型依附（①）和不安全型依附（②③④）。

安全型依附的人會很自然地向對方表達自己的需求，因為他知道對方會很積極地對自己的需求做出回應。假設這個需求是，「我想吃這個冰淇淋」。有的人會很含蓄，不好意思講出來，也有人會很直接地說：「我想吃這個，買給我吧。」也有人會很自然地說：「我喜歡吃這個冰淇淋。」

即使提出的是相同的需求，但聽起來的感覺卻完全不同，因為講話的人帶有某種「情感」。我們常說人與人的交流需要透過情感就是這個意思。自然地

表達需求無疑是一件好事，之所以能夠自然地表達，是因為我們預想對方會給出正向的回答：「好，那我們就吃這種口味的冰淇淋。」相反的，如果預想對方的回答是：「為什麼吃那種口味啊？這種更好吃，你真是不懂吃。」這時，我們會做出什麼反應呢？會變得不敢提出需求，搞不好還會先攻擊對方。

安全型依附的人有著很發達的正向自我意象和情感獨立性，這樣的人也有很強的自尊感。相反的，不安全型依附的人做起事來缺乏自信，不僅預想對方的負向反應，也會對他人缺少信賴。

仔細觀察不安全型依附的人，可以看出各種特徵。焦慮矛盾型依附的人會過度渴望親密感，既依賴對方，卻又不信任對方。這類型的特徵是，會誇張的表達情感、做出即興的行動。依附受到損傷或擔心受到損傷時，還會強烈指責對方。有的人分手以後，會把責任推卸給對方，並且誇大對方的錯誤。但即使是這樣，他的內心還是期待能夠和好如初。大家也遇到過這種情況吧？

迴避型依附的人有著很強烈的獨立需求，會覺得表達愛很不自在，也不會期待過高的親密感。因此，會迴避建立情感上的關係。混亂型依附的人會在②和③之間搖擺不定，也就是說會在焦慮與迴避之間來來回回。既覺得親密的關係很混亂、想要迴避，同時又十分渴望親密感。

這種似乎只存在於孩子的「依附」，也會對大人的世界起到很重要的影響。約翰·鮑比的依附理論只侷限於需要保護的孩子，認為大人的行動決定了依附的型態，這是強調監護人責任的觀點。但事實上並非如此，在和睦的家庭環境下長大的孩子，也會成為折磨戀人或配偶的人。

為什麼只有那個人會讓我心裡不是滋味呢？

依附並不是在任何時候都會成為問題，更不會針對任何人。依附問題來自於「親密關係」轉變成「情緒反應」的過程。例如，在公司很獨立、很有自信的人，卻很依賴另一半。與同事相處得很好的人，為了得到尊敬的主管的認

可，會做出很誇張的舉動。先拋開私人關係和同事關係，這種渴望確認親密感的需求，會在人際關係中出現以下的問題。

「我也知道自己這樣做很像孩子，但就是控制不住自己。跟同學們見面的時候，根本不會發生這種問題。找工作太難了，我參加過很多次面試，最後都失敗了。參加這間公司面試的時候，科長對我很好，現在有時在電梯裡遇到，還會問我工作辛不辛苦。在工作上出現失誤的時候，科長還會幫我解圍。科長在公司是很有威望的人，長這麼大，我還是第一次遇到這樣的人。家人都對我不聞不問，只有科長很關心我，我很想成為他那樣的人。但科長因為工作問題指責我的時候，我會覺得他無視我，感覺他就像對孩子說教一樣。同事們看到我掉眼淚，都無法理解。」

人不是只有在小時候才找父母。神奇的是，無論是朋友還是戀人之間，甚

至就連在職場，也會在不知不覺中尋找像父母一樣「給予自己愛的人」、「扶持自己的人」，或「幫助自己成長的人」。

雖然沒有正式的精神病學用語，但我會把這種現象稱為「自助重新養育」。只有成熟的人，才能真正的體驗自助重新養育的過程；不成熟的人，就只會像跟媽媽要奶喝的孩子，靠耍脾氣的方式來滿足自己對愛的需求。無時無刻都要對方陪在自己身邊的人，也是這種情況。

如果自助重新養育很順利的話，會與對方建立起友好的關係，同時也會獨立行動，自然而然地向對方表達自己的需求。因為相信對方，所以就算對方無法滿足自己，也能夠理解。

依附之所以重要，是因為會對他人產生信任。在這個充滿險惡的世界，我們真的可以輕易相信別人嗎？無法信任別人的人，最終也無法信任自己，更不會信任世界。這樣的人基本的情緒是「不安」。在與他人形成依附關係以後，

彼此的關係可以持續多久，完全取決於對方能夠滿足自己的需求到什麼時候。但事實上，彼此之間的信賴與努力，以及對對方的情感，決定了關係的持續性。

成熟大人進行的「自助重新養育」

重新養育（reparenting）的概念，類似精神病學中所指的醫師與患者之間發生的事情，患者透過與醫師的諮商，來教導和安慰自己內在尚未長大的幼小自我。成熟的人，即使沒有別人的幫助也可以做到這件事。因此，我將這種情況稱為「自助重新養育」。

屬於焦慮矛盾型依附的A因男友的問題備受煎熬，問她是不是男友做了什麼令她傷心的事時，她給出了否定的回答。A的男朋友性格溫柔，而且對她呵護有加，但當男友在公司忙碌無法接電話，或是下班後跟朋友聚餐時，A就會找藉口和男友吵架。男友明明給了A很多的愛與照顧，但A還是想要控制他。

情侶關係是建立在兩個獨立的個體，而不是人與「對象」。對象是指「我期待的某種樣子」。人與「對象」的關係等於是，「我愛的不是獨立的人格，而是把對方放在我指定的框架裡，變成我期待的某種樣子。」對於這樣的人而言，對方就是「愛我的某種東西」而已。

也許A和現在的男友分手後會很痛苦，但遇到下一個「對象」時，還是會持續同樣的關係模式。

兩個獨立的個體相遇，意味著彼此交流各種情感的關係，這樣的關係不可能只存在「好的情感」。孩子也會因為媽媽的斥責和疼愛，產生媽媽真的是「同一個人嗎」的混亂感受。如果建立起安全型依附的關係，便可以將兩人合而為一。因此，就算男朋友和朋友聚會到很晚，也不會抱怨「我對你那麼好，你怎麼可以把我忘得一乾二淨」。

以下做為參考，我們來看一下形成安全型依附的孩子的特徵。

- 不會特別依賴大人，擁有很強的自我彈性。
- 積極參與同年齡孩子的活動，積極與同年齡的孩子互動。
- 具有很高的共感能力，可以回應他人的拒絕。
- 誘導對方做出溫柔的行動。

若你想成為這樣的人，就以自助重新養育的心態來對待自己吧。擺脫不安的心，才能建立獨立、穩定的關係。

07、我是情緒過勞者嗎？

不僅是工作，

我們在私人關係中，也要付出情緒勞動。

如何擺脫這種情緒勞動帶來的壓力，找回自由呢？

在充滿競爭的社會體系中，

人類的性格演變成了資本的一種型態。

——尚—雅克・盧梭（Jean-Jacques Rousseau）

從幾年前開始，「情緒勞動」這個詞成了韓國社會的熱門話題。以前從事服務行業的勞動者，才會被要求「熱情、親切」，但現在的社會要求所有人都要付出「情緒勞動」，因此我們開始想方設法解決這個問題。我們在咖啡店可以看到這樣的標語：「店員也是父母的寶貝孩子。」客服中心會錄下客戶打來的電話內容、很多店家也會有監視攝影機拍下接待客人的畫面，這都是為了保護情緒勞動者所採取的措施。那麼，我也屬於情緒勞動者嗎？

我是情緒勞動者嗎？

首先，情緒勞動者管理情緒占據了工作的百分之四十。特別是航空業的空服人員，雖然她們要負責很多的工作，但笑臉迎客就已經占工作的比率超過了百分之四十。情緒勞動者必須隱藏起憤怒和難過等的負向情緒，然後誇張的表現開心和喜悅等的正向情緒。比起自己的情緒，情緒勞動者必須與他人的情緒步調一致。意即，必須積極地管理情緒（emotional management）。

情緒是從內在自我發出的信號，抑制或偽裝情緒的時候，內在的自我和實際的自我會分離，會讓我們覺得自己很虛假，最終導致自我疏失。

假設工作上遇到奧客時，必須強壓下怒火，遵守公司的規章笑臉待客。等客人走了之後，與同事聊天時才能透過講那個客人的壞話來舒壓。這樣做會讓為了薪水而強顏歡笑的自己疲潰，也會討厭在客人面前不吭一聲、只能在背後講別人壞話的自己。頻繁遇到這種狀況的話，最後會變成決心在客人面前只做一個機器人。事實上，很多人真的就變成了機器人，他們不再表現出真情實感，臉上只掛著機械式的微笑。但這樣做最後只會讓自己的情感也消失，再也無法感受到成就感和自信心。

過度扮演這種角色只會耗盡自己的情感，隨之而來的是疲勞、憂鬱、無力感、對生活失去熱情，以及對工作備感壓力等的負向情緒。即使做著相同的事情，也會越來越消極地看待自己所處的狀況，越來越低估自己的能力，結果更加消耗自己的情感。完美主義傾向、內向的性格、自尊感過低，都是加劇消耗情感的原因。

為了解決情感消耗的問題，首先要有「好的工作環境」。分工明確、工作量合理，給予適當的補償和讓員工感受到歸屬感，才能解決這種問題。**工作環境很重要，但本質的問題是擺脫「有階級的世界觀」**。據說在美國ＮＡＳＡ工作的清潔人員都很有自信，因為他們覺得自己在做「把人類送往宇宙的工作」。我們應該像他們這樣，**即使得不到別人的認可，也要自己找到工作的意義，擺脫以地位和待遇為基準的有階級的世界觀**。

人類可以分為兩種，平行的人和垂直的人。擁有平行世界觀的人基本上懂得尊重他人，工作上也會以協力的關係來做事，而不是上下的關係。擁有垂直世界觀的人會覺得付錢的自己是「甲」，收錢的對方是「乙」。自尊感越低的人越容易形成垂直的世界觀，這樣的人喜歡和他人做比較，把人按等級分類，嫉妒比自己優秀的人。我們要避免被垂直世界觀的人影響而消耗自己的情感，自己也要擺脫那種世界觀。

不同等看待工作與自己

我們難以解決情緒勞動問題的原因之一，是因為它與「歸屬感」關係密切。例如，剛進公司的新人從新人教育開始，就被公司要求要有歸屬感，公司刻畫正向形象的同時，也會要求員工要有強烈的歸屬感，甚至讓員工覺得自己與公司是命運共同體。這樣一來，員工就會把客人對公司的不滿看成是對自己的不滿。但是當公司要求必須無條件向客人道歉時，員工就會對歸屬感產生懷疑：「為什麼公司沒有保護我呢？」客人造成的傷害，便會朝著否定歸屬感的方向發展下去。

如果這種問題越來越嚴重，我們就會放棄歸屬感。表面上我們會討好同事，然後在心裡謾罵對方。不僅對客人，對公司的同事也會採取雙面的行動，逐漸拉遠自己與公司的距離。如果心漸漸遠離了職場，那麼也會覺得工作越來越苦不堪言。

對人類而言，「健康的歸屬感」是必要的元素。試想一下ＮＡＳＡ的清潔人員，認為自己從事的是把人類送上月球的工作，這與「處理骯髒的垃圾」存在著天壤之別的想法，所以我們應該積極尋找工作的意義。這樣做是為了培養健康的歸屬感。

為了擁有健康的歸屬感，我們應該認為自己擁有「各種身分」，也就是擁有「多重身分」（multiple identity）。在職場被過度要求情緒勞動的我，並不是「全部的我」，而是我的多重身分中的一種罷了。雖然我們應該重視工作，但工作並不是我們的「全部」。扮演特別身分的時候會受傷，但只要想著構成自己的其他身分，傷口的大小和範圍便會受到限制。這樣做，是為了防止因為情緒勞動而產生的負向情緒，擴散到特定的領域之外。

什麼樣的人會指使別人情緒勞動呢？

遺憾的是，只要我們生活在資本主義社會，情緒勞動的問題就不會澈底解決。例如，給客人端茶水是一件簡單的工作，但要讓客人感受到親切的服務就很複雜了，所以公司才會制訂與接待客人有關的詳細細節，像是雙手把水杯遞到客人面前，貼心詢問客人需要什麼溫度的水。像這樣，待客的要求越詳細，我們越能感受到身處被動的位置。主動解決問題的能力也會隨之降低，不光是情緒勞動，就連「慷慨無私」做善事的能力也會降低。

在我工作的醫院，偶爾會遇到這樣的事情。來看病的老奶奶會對坐在身邊的年輕患者說：「去給我倒杯水。」護士看到這種情況會連忙迎上前說：「我去給您倒杯水。」護士把水杯遞給老奶奶時，還會詢問是否還有其他的需要。我們的醫院並沒有待客指南，但醫護人員自主形成了判斷採取行動的文化。**只有在感受到自己是「主體」的時候，我們才會主動做出幫助他人的行動。**

相反的，如果覺得自己的工作無關緊要，自己不過是某人的附屬品，就會啟動防禦模式，進而漸漸細緻區分出「我的工作」和「不是我的工作」。面對「護士應不應該幫患者倒水」這種小事也會產生疑問。這種防禦性的模式，根本無法解決情緒勞動的問題。

無論我們採取什麼應對，還是會遇到為難我們的奧客。那我們該如何應對這種人呢？首先，不要判斷「他是好人還是壞人」，而是瞭解他的行動。正如

前文提到的，先將行動與情感分離。這樣一來，我們才能掌握對方真正的需求。一位來找我諮商的電話傳銷員說：

「客人因為東西出了問題亂發脾氣，但我問他是想換貨還是退款時，客人卻說我不想換貨，也不打算退款。聽他一直抱怨，我突然明白了，『啊，原來他想透過抗議得到別的東西』。於是我說：『為了表示歉意，我會準備一份贈品給您。』雖然他說不要東西，但寄了贈品以後，這件事就不了了之了。剛開始做這份工作的時候，接到抗議電話，我一整天都會心煩，也會跟客人生氣。但就算這樣，我也沒有舒緩壓力。看到同事們從早到晚講客人的壞話，我也覺得自己的人生很糟糕。所以我嘗試改變想法，心想這些客人都很空虛，自己不要太在意這種事。現在，我會覺得打來電話抗議的客人很可憐，他們的人生真是太可憐了，不然怎麼會打來電話跟我發脾氣呢？但這樣想，並不表示我是一個親切的人。」

這位電話傳銷員為了解除客人敵對的武裝，嘗試了「滿足對方需求」的方法。遇到表面發火抗議，但暗中隱藏著想要贈品的奧客，寄一份贈品便可以解決問題。當察覺對我們發火的人其實另有目的時，會覺得那個人很滑稽可笑。**雖然遇到無事生非的人，我們應該生氣、與之爭吵，但換另一種角度想，「那個人是為了掩飾自己的脆弱，所以才傷害別人」，就會成為我們擺脫負向情緒的契機了。**

人都是一樣的，每個人都有不足和侷限，誰都會為了滿足需求而努力，但是無法滿足需求的時候，也會感到挫敗和痛苦。因為自己也無能為力，所以才會更痛苦。就算是再了不起的人、人品再好的人也是一樣，只是程度上存在的差異。況且，我們在生活中不會遇到了不起的聖人或萬惡不赦的壞人，只要把周圍的人看成擁有些許利他和自私心態的普通人就可以了。這樣想的話，面對那些奧客，就不會覺得有多難解決了。

不如我們就這麼想吧。**第一，無論是什麼樣的人聚在一起，其中一定有百**

分之五的人是瘋子。如果覺得自己周圍沒有瘋子，那不妨懷疑一下自己。**我們沒有必要因為這些奇怪的人而受傷，不要讓這種人動搖我們的情感。**

第二，要記住那個瘋子不過是個人。如果認為讓自己情緒勞動的人代表某個團體的話，受到的傷害會被放大。沒有必要把個人看成團體。例如，使用某地區方言的人對我發脾氣時，不要把性格差看作那地區的特徵；與某職業的人發生衝突，也不要覺得「我與從事那種職業的人合不來」。就像被烏龜嚇到後，看到大鍋蓋也會怕一樣，因為遇到條件相似的人時，我們會自動啟動負向情緒。

不要在私人關係中做情緒勞動

另一個重要的問題是，**除了工作以外，也不要在私人關係中做情緒勞動。**私人的情緒勞動多發生在持續的關係中，與之相比，職場對客人的情緒勞動只是暫時的關係。而我們可以很容易地想像的持續關係，是發生在父母、朋友和戀人之間的情緒勞動。

因為是一家人，所以不得不忍受語言的暴力，像是從小聽媽媽講爸爸壞話長大的女兒。像這樣，在私人領域發生的情緒勞動是持續的，也很難提出問題。在私人關係中飽經情緒勞動折磨的人，會對人際關係持有負向的態度。但很明確的是，私人關係也可以靠自己的意志斬斷。因為這不是關乎到維持生計的問題，所以更可以理直氣壯地表示不滿。私人關係是可以抗議和調整距離的關係，但由於摻雜了很多的情感，所以比起工作關係，斬斷、整理私人關係，才會覺得棘手。

就結論而言，無論工作關係還是私人關係，善於應對因情緒勞動產生的問題的人，都有著很高的自主性和關係連帶性。之所以覺得情緒勞動很辛苦，是因為「我無法隨心所欲地斬斷這種關係」（自主性低），以及「感受不到我與對方處在同等的位置」（關係連帶性低）。

若想提升自主性和連帶性，就要有意識地、努力地營造且表達自己。參加同好會或是多與志同道合的人聚會，營造一個可以表達自己的世界，提升關係連帶感，然後在那樣的世界裡多多體驗提升自主性的經驗。

08、有時我覺得自己就像小說裡的主角

有時我會覺得我是唯一不開心的那個人。

我想把我的故事說給大家聽。

我是想得到大家的關心嗎？

為什麼我會有這樣的想法呢？

如果有一個只屬於我的世界，
那一切都會變得超乎想像。
——《魔境夢遊》中

經歷痛苦的事情，人們都會尋找理由，這是為了擺脫痛苦出自本能的反應。接著，就會尋找責難的對象。找到這樣的對象以後，我們才會覺得心情舒暢。這樣一來，自己需要解決的問題就消失了，因為所有的原因都出在別人的身上，還會覺得自己成了可憐的替罪羔羊。當產生「我真是可憐、受苦」的想法時，便會覺得四周都是敵人。為什麼會出現這種情況呢？

在令人不舒服情感中，特別是像憤怒這種激烈的情感，一旦情感湧上心頭，我們會想立刻迴避，因此會把憤怒曲解為難過，然後為了賦予這種難過合理性，進而把它編寫成故事。

我的不幸存在著久遠的原因

我們都很擅長編寫自己過去到現在的編年史。小時候被媽媽訓斥、念國小時欺負同學、偏愛同學的老師等，對自己充滿憐憫之情的劇本就這樣完成了。從某種角度來看，自我敘事可以看作是擺脫傷口的意志，但如果過度的話，不僅無法解決問題，還會讓問題變得更加複雜。

「那個朋友總是花很長的時間訴苦。也許就像她說的，自己真的很不走運，但這種事聽一、兩次倒也還好，聽久了我也覺得煩。我都聽她抱怨公司不賞識自己的能力好幾年了，起初我也會安慰她，給她各種建議。我以為她會辭職，還介紹工作給她，最後她並沒有辭職。有時候，她也會炫耀自己遇到了什麼好事，有時候又突然流淚哭訴，然後我又心軟了。」

這是我們經常遇到的情況。工作出色、有做事能力的人裡，也有很多這樣的人。這樣的人眼中只有自己，只顧陳述自己的情感，卻不付出行動解決問題，最後安慰和支持他的人也會一個接一個離他而去。

把自己身邊的人分成敵我兩種人是不正確的態度，身邊都是自己人固然是一件好事，但是過度放大自己的情感，最後自己人也會遠離。雖然這樣的人能意識到問題出在哪裡，卻很難改善。

「愛的需求」終結者，邊緣性人格障礙

說實話，每個人或多或少都會這樣，特別是小時候，這種傾向會很嚴重。如果被老師訓斥，就會覺得未來人生都完了，晚上躺在床上開始胡思亂想。

「明天到學校，老師不會照顧我的，以後也會一直訓斥我。同學們也會討厭我。如果媽媽知道這件事，也會唸我。沒有人會喜歡我。」

這些想像會像樹枝一樣伸展開來。但在成長的過程中，我們會知道「老師訓斥我≠老師不喜歡我≠媽媽也會說我」；又或者是「老師訓斥我≠老師是壞人≠同學會討厭我」。

為什麼我們會這樣胡思亂想呢？因為小時候對愛的需求等同生存的需求。人類越是幼小，越是需要依靠他人生存，為了獲得他人的照顧，最好的方法就是得到他人的愛。因此，孩子對愛的需求就像嬰兒餓了要喝奶，都是出於本能的反應。

每個人都有愛的需求，這並不是什麼壞事。人們借助家人和朋友給予的愛與關心可以克服很多的困難，也會以愛的需求為基礎給予他人關懷。但是當愛的需求無法滿足時，就會對拒絕、責難和無視我們的人，過度反應，進而產生以下的想法：

沒有人愛我；沒有人喜歡我；沒有人對我滿意；我沒有魅力；沒有人關心

我；我不是好人；我沒有被愛的價值；我是個怪咖；因為我有缺陷，所以大家都討厭我；因為我不夠完美，所以沒有人愛我；我活該被拒絕；我活該被拋棄；我活該自己一個人。

產生以上這些想法的人，會為了滿足愛的需求，過度犧牲自己或服從對方，還會無時無刻糾纏對方，確認對方的情感。

如果這種狀態過於嚴重，還會發展出人格障礙，其中之一就是「邊緣性人格障礙」（borderline personality disorder）。邊緣性人格障礙特徵之一是，對自己的評價時高時低，對其他人的態度也忽冷忽熱。昨天還說：「謝謝你陪在我身邊。」今天就很氣憤地說：「你為什麼這麼對我？」這樣的人也有情緒不穩定和衝動的特徵。

人們常把邊緣性人格障礙誤認為憂鬱症患者，但很多憂鬱症患者只想把自己隱藏起來，所以是否「折磨他人」成了區分兩者的基準。憂鬱症患者的能量很低，所以他們不會纏著周圍人一直抱怨。相反的，邊緣性人格障礙會「為了得到他人的關心，而做出過分的行為」。

這樣的人為了獲得他人的關心，會把自己放在心地善良、鬱鬱寡歡、需要保護的可憐位置。由於一直沉浸在主觀情感裡，所以不會遵循客觀的說明判斷狀況。這樣的患者會從自己的經驗中斷章取義，只選擇對自己有利的部分歪曲和誇大地進行說明。如果症狀嚴重的話，有時還會以操縱對方為目的，做出自殘或自殺等的行動。

我也想被愛＋沒有人愛我（內心深處的恐懼）＋為了得到補償而過度糾纏某人＋自殘行為＋糾纏他人，不停地抱怨＋缺乏對他人的共感＋剝削他人的情感＝邊緣性人格障礙。

如果身邊有這樣的人，不要試圖糾正他，請趕快逃走吧。這是專業治療的領域，不是單一個人就可以幫忙和解決的問題。還有一種人，雖然沒有邊緣性人格障礙嚴重，但也會從渴求他人的關心中尋找自我認同感，這種類型是「做作型人格障礙症」患者。其中，很多人希望透過傾訴自己的痛苦經歷，獲得人氣與關懷，我們在SNS上很容易發現這樣的人。

當我們被強烈的情感所控制時

仔細觀察存在邊緣性人格障礙的人便可發現，他們不信任自己，也不信任別人，而且一直受控於強烈的情感。理解這種患者並不容易，因為他們都坐在情緒的雲霄飛車上，而且還是那種在 YouTube 上輸入「世界上十大最可怕的雲霄飛車」後，會出現的雲霄飛車。無論喜悅還是悲傷，都十分強烈，但最為強烈的，還是擔心自己被拋棄的恐懼感。

雲霄飛車無法處在靜止狀態，只會起起伏伏，因此情緒起伏的終結者正是邊緣性人格障礙。要想啟動雲霄飛車，就需要電或電池等動力，邊緣性人格障礙正是從剝削他人情緒中獲得這種動力。情感不可能等價交換，他們只會不斷地、更加渴望他人的關愛，然後把負向情緒投射在他人身上、指責對方。這樣的人會把無法控制情緒的原因推卸他人，傳播自己的負能量。因此，他們的戀人、配偶、父母或子女等人的人生，也會被搞得一團糟。

就算我們不是這樣的患者，也會搭乘雲霄飛車，編寫關於自己的小說。要怎麼做才能不在自己的情緒上增添「敘事」，誠實說明自己的感受呢？如何不做「小說」的主角，而是「現實」的主角；不做「過去」、而是「未來」的主角呢？

你需要的是**情緒客觀化**。邊緣性人格障礙無法做到情緒客觀化，他們時而開心得要死，時而憤怒得要死，時而感到厭惡至極。他們會把這種不受控制的情緒發洩在他人身上，然後編寫成自己的「故事」，讓自己成為狗血劇的主角，享受各種悲劇性的結局。有些人即使不是患者，但也存在這種傾向。自尊感低的人就是這種人。**若想提升自尊感，就要學會舉起客觀的鏡子，照出自己與世界。透過客觀化也可以培養出正向情緒**。

情感客觀化，有助於我們成為現實的主角，這也是認知行為治療的基礎。觀察想像悲劇的行為和歪曲自己的傾向，進而做出改正。

最重要的是，**要能感受到今天生活中的充實感，並建立能夠體驗這種充實感的體系**。像是下定決心嚴格減肥，以三個月減掉十公斤為目標，這是未來充實感的概念。當下的充實感則是，今天用健康食物取代速食食品，再做一小時運動，建立自我管理體系。重視過程本身，而不是結果。**將這種方法運用在情感上，直視感受的每一瞬間，忠於當下傳達給自己的信號**。

當妳褪去情感的保護殼時，才會迎來成長的瞬間

這種認知治療法並不適用於所有人，對於邊緣性人格障礙也沒有什麼效

果，他們需要的是改變天生性格的治療方法。遺憾的是，這種患者很難治癒，但他們可以透過「自我客觀化」克服問題。《親密的陌生人：給邊緣人格親友的實用指南》一書中，有一段這樣的內容：

我利用三年時間訪問了病情好轉的邊緣性人格障礙患者，在他們身上發現幾個共同點。其中最重要的是，他們接納了對自己行為和克服障礙的責任感。

薇諾娜．瑞德和安潔莉娜．裘莉主演的電影《女生向前走》，是一部關於患有精神疾病的女孩被送進精神病院的故事，電影中有一句經典台詞：「當妳褪去情感的保護殼時，才會迎來成長的瞬間。」

比起編寫各種故事，在自己與他人、世界之間製造保護殼，唯有褪去情感的保護殼，且擁有健康的、客觀的責任感時，才能提升我們的情感能力。

09
我也有難以啟齒的傷痛

我有一個無法向任何人傾訴的痛苦記憶。

我不想一直沉溺於那段記憶，

那些把陰影轉換為成成長能量的人是怎麼做到的呢？

勇氣就是做自己不敢做的事。
除非有恐懼，
不然也不會有勇氣。
——艾迪．瑞肯貝克（Eddie Rickenbacker）

近年來經常可以聽到人們提到「憤怒調節障礙」這個詞，不僅可用在他人身上，也會用來開自己玩笑：「我好像有憤怒調節障礙。」「創傷後怨恨低落症」（post-traumatic embitterment disorder）與憤怒調節障礙，非常相似。

創傷後怨恨低落症並不是精神病學分類體系中的正式病名。二〇〇三年，德國的精神病學家邁克爾．林登（Michael Linden），在分析統一後的德國人的異常心理現象的論文中，使用了此一詞彙。論文中提到，特別是以前的東德人正在經歷這種心理問題。這種症狀是指，當自己的信念或價值受到無視和不妥

當的對待時，導致嚴重的精神痛苦和內心衝擊，難以控制自己的憤怒而情緒爆發的現象。存在創傷後怨恨低落症的人不僅會感到憤怒，其中還有無力感。邁克爾．林登指出，這種症狀認為問題不在於自己，而是應該改變世界。因為內心存在著復仇的欲望，所以難以治療。

因為看不見的傷口而情緒爆發的人們

每個人都有各自的痛苦經歷，特別是致命性的痛苦會留下長時間的傷口，即使表面傷口癒合，還是會隱隱作痛。因為感受心痛而流露出「情感」，被稱為「創傷後壓力症候群」（post-traumatic stress disorder，PTSD）。

「我到現在都不敢看電影裡的暴力場面。看到那種場面，我就會想起當時被打的感覺、東西摔在地上破裂的聲音、東西散落各處，流淚抽泣的媽媽，還有腳底踩到碎玻璃的刺痛感……甚至我還感受得到當時家裡的空氣和濕度。」

我們不難在創傷後壓力症候群中發現，比起身體受到的傷害，心理創傷會在人生中留下更大的後遺症。特別是因他人而產生的傷口。也就是說，人際關係中受到的傷害比事故、災難和疾病等的痛苦，更加嚴重和持久。

這種心理創傷是很私人的，無論自願還是他人意願，很多時候我們都會把它隱藏起來。前文提到的家暴，光從表面是看不出來的，特別是摻雜了負向情緒的記憶，還會長時間留在我們的腦海中，經常浮現殘影，這正是創傷後壓力症候群的核心。在成長的過程中，一直被母親無視；在學校被同學霸凌。如果遇到聯想起這些記憶的事情，就會刺激當時的負向情緒。

事實上，很多人都經歷著大大小小的創傷後壓力症候群。與戀人分手，即使已經過去好幾年了，還是不敢去以往常去約會的咖啡店。在大學社團被排擠的人，即使成了上班族也會避開路過校門，特地繞路走。雖然事情都過去了，

他們還是覺得非常痛苦。不是只有小時候才會經歷這些事情，就算成人、上了年紀，還是會在人際關係中受傷。

「三年前，我在插畫公司上班。同事B嫉妒我，向公司謊稱我抄襲。流言蜚語在公司傳開了，所有人開始排擠我。雖然我把這件事告訴主管了，但她還是袒護B。最後，我只好辭職。現在想起這件事，我連睡覺也會氣得坐起來。有時候，夜裡還會一個人哭。白天想起這件事的時候，連工作也做不好。」

「男朋友和我分手的時候說：『我對妳很失望。』之後，失望這個詞就烙印在我的腦海裡了。無論和誰相處，我都變得很怯懦。不僅如此，在所有人際關係裡，我都會害怕犯錯，做什麼事都小心翼翼的。我還會擔心會不會有人在背後捅我一刀，但我不能表現出來，所以在大家面前我都裝得很開朗。」

像這樣，個人創傷後壓力症候群會對人際關係造成影響。正在經歷創傷後壓力症候群的人，比起傷害自己的人，對不理解自己傷痛的人更憤怒。不僅遇到相似的情況會反應過度，遇到相同遭遇的人，也會表現出過度的同理心。甚至對特定的詞語很敏感。一聽到過去造成傷害的言語，便會立刻產生負向情緒。這裡存在的問題是，創傷後壓力症候群產生的負向情緒變成了基本情緒。

這樣下去的話，會出現什麼狀況呢？

- 失去對世界（或他人）的信任。
- 擔心會遇到相似的情況，一直處於緊張的狀態。
- 雖然不信任他人，但擔心會被冷落，進而感到不安。

如果演變成這種狀態的話，周圍的人會做出這樣的反應：「雖然他人很好，但好像太敏感了。」、「聊天的時候，他總是很防禦。」、「無論什麼事，他都只想到最糟糕的情況，太悲觀了。」我們聽到這種話會很難受，明明最辛苦的人是自己，結果反而演變成苦上加苦的狀況。

即使努力想要擺脫傷口，也很難做到，等到一直壓抑負向情緒的力量減弱時，負向情緒就會爆發出來。跟朋友喝酒會哭出來，聚餐時也會跟同事吵架，也許還會有難以啟齒的情況。但問題是，旁人根本無法理解。

給自己一個變堅強的機會

人類不僅會經歷創傷後壓力症候群，也能將此轉變為「創傷後成長」（post-traumatic growth）。**創傷後成長，是指在經歷創傷性事件以後，不僅能夠恢復過來，還可以透過積極的努力帶來變化**。簡單來講就是，**透過克服創傷，感受自我成長**。

從北卡羅來納大學的心理學教授勞倫斯・卡爾霍恩（Lawrence G. Calhoun）和理查德・特德斯奇（Richard G. Tedeschi），列出的「創傷後成長測試問答」中，可以很容易看出正向的變化。內容總結為以下四點：

1. 自我知覺的變化：例如，發現自己比想像中還要堅強。
2. 強化人際關係的深度：例如，比之前更意識到鄰居的必要性。
3. 發現新的可能性：例如，有了新的人生計畫。
4. 對神明、宗教產生興趣：例如，對精神世界有了更進一步的瞭解。

我們尊敬和信任的人中，很多人也經歷過創傷性成長。所謂的創傷性成長，並不表示取得很大的成就。在猶太人集中營中度過三年時間的心理學家維克多・弗蘭克（Viktor Frankl）回憶說，他會將每天給的一杯水拿一半用來刮鬍子。弗蘭克的這項行為展示了他的信念，無論何時都不放棄自己的尊嚴，即使身處險境，仍尋找自己的意義和價值。

創傷後成長不是停留在舒適與安逸的階段，而是更進一步的邁入實現自我和精神價值的階段。對於存在身體和生活上不便的人們，想要實現創傷後成長，除了個人培養克服創傷的能力以外，也需要社會的支持。也就是說，不僅

個人要有能力，身邊還需要存在有意義的他人，需要自己所屬的共同體作為後盾。即使能夠憑藉一己之力克服創傷，對於「他人的信任」也很重要。

與經歷意外災難的人們交談時，我發現他們都從志工身上獲得了安慰。遭遇到意外的不幸以後，任誰都會對世間的一切充滿怨恨，但是他們卻從與自己毫無關係、無私奉獻的人們身上，獲得了重新面對世界的力量。當恢復對他人的信任以後，負向情緒便會轉換成正向情緒。南非的人權運動家納爾遜・曼德拉（Nelson Mandela）經歷了二十七年的牢獄之災，但他走出監獄的時候，留下了這樣一句名言：「當我走出囚室、邁出監獄大門時，我已經清楚，若我不把悲痛與怨恨留在身後，那麼我仍在獄中。」如果我們有無法擺脫的負向情緒，不妨回頭看一看，自己置身於怎樣的監獄之中。

不深的關係可以治療深深的傷口

從確認創傷後成長的程度也可看出，實現「創傷後成長」之後，社交能力也會有所提升。在穿過長長的隧道過程中，會感受到他人手持的光亮是多麼珍貴。當發現不是只有我一個人生活在痛苦之中，人人都有難以言喻的痛苦，也能帶來安慰。最重要的是，**無論經歷怎樣的痛苦，那都是過去的自己，因此我們需要一個「與現在的自己建立關係」的人，一個如同鏡子般的人，透過這個人來感受自己是一個很不錯的人。這個過程稱為「關係經驗」**。

這個人不一定要是家人、朋友或同事等非常親近的人。關係過於親密的人會產生依附需求，容易引發衝突。很多時候，不帶私心的關係反而是不深的關係。所謂的私心，通常存在家人、戀人和朋友之間。父母的私心是希望孩子用功讀書，以後可以有一個好的歸宿；戀人之間的私心是希望彼此更親近、對方更愛自己，朋友也是這樣。因為私心，所以大家才會無私奉獻。當我們體驗不

帶私心的善意時，更容易產生正向情緒。

這種「完美的關係」擁有無窮的力量。在完美的關係中，我可以清楚地知道自己與對方的關係。這種關係不會讓我的心情變得複雜，也就是說，這種關係不帶有混雜原生情緒和衍生情緒。

如果還是不理解，不妨回想周圍的人。想到媽媽時，如果感受到溫暖，就說明彼此是完美的關係。我看了《如何相愛不相害》一書後心想，我們對父母的情感是有多複雜才會出版這種書呢？不只父母，我們對子女、兄弟姊妹、配偶或戀人，也帶有雙重情感。想到他們，不覺得複雜、混亂，而是感受到正向情緒，無庸置疑可視為我們人生中的一大幸運。

我也擁有這樣的幸運，想到父母時，我會覺得很幸福，會想起一起去過的遊樂園、釣魚池，深夜來接我的父親和給兒女準備豐盛菜餚的母親。想到這些，我心裡是滿滿的感激。但很多人在生活中會與親近的人產生錯綜複雜的情緒，處在「不完美的關係」中。我遇到過打算等孩子長大成人就與丈夫離婚的中年女性，也見過提到媽媽就一臉厭惡的女兒。

建立越多完美的關係，我們的人生才會越幸福，也就是說，我們身邊要有很多不帶私心對自己友善的人。親近的家人也有可能會互相傷害，所以只有不近也不遠的關係，最容易建立這種完美的關係。

請相信深深的傷口會在不深的關係中得到治癒。如果留意周圍，不難發現我們經常可以體驗到「小小的善意」。把這種小小的善意當作呼喚我們返回現實世界的聲音，那聲音就好比一種信號：我再也不是停留在過去世界的人了。

遺憾的是，我們擺脫一場傷痛後，還會面臨下一場。遇到相似的狀況時，我們還會反覆同樣的失誤，就像上當受騙的人還會被騙一樣。誰都希望這種事情最好不再發生，但人生就是會發給我們如同反覆記號的試卷。

如果總是「過度敏感」、「眼神充滿懷疑」、「做什麼都提不起勁」，那

麼自身的優點也會被埋沒。

體驗實際存在的感覺

維克多．弗蘭克在集中營經歷極度的痛苦後，創造了意義治療法（logo-therapy）。療法的核心是，賦予人生正向、有價值的意義。此療法的目標，不僅讓人們具備享樂人生的能力，還有思考煩惱的能力。雖然可能與現今時代需求不符，但擁有思考煩惱的能力，才是培養情感能力的基本動力。

人類的情感與自我認同有著緊密的關聯。也就是說，**只有找到自己實際存在的答案，心理才會感受到穩定。為了將創傷後壓力症候群轉向創傷後成長，我們應該對「自己」有責任感。**

無論他人眼中的自己和面對世界的自己是什麼樣子，責任都在自己身上。「我究竟存在怎樣的意義？我的不安是什麼？是什麼在維持我的人生？」找到這些煩惱的答案時，我們才會對人生產生正向的力量和尋找快樂的能量。

就結論而言，**我們需要經常體驗「實際存在的自己」**。與他人分享不帶「私心的善意」並不是基於「特定的利益關係」，而是為了感受「自己」活在當下。心理學家歐文・亞隆（Irvin Yalom）說過：

> 心理上的煩惱不是來自生物學上的遺傳性基因，也不是來自本能性的需求壓迫、沒有得到愛與照顧的內在創傷、被遺忘的創傷性記憶，或是現在的職業、人際關係問題，所導致的生活危機。人類都會有煩惱，我們都一樣，這樣的煩惱無醫可治，也沒有人可以免除這個悲劇。

現實生活中我們會被劃分為學生、主婦、上班族、女性、男性、青年、老年等身分。這樣的身分劃分說明了我們的社會地位，以及與他人建立關係的位置。我與患者相處時是醫生，但與孩子相處就變回了母親。我們都擁有很多不

同的身分，隨著環境的改變、關係的建立，我們的身分也會隨之改變。

同樣的，「憂鬱的我」、「開朗的我」、「消極的我」或「樂觀的我」，也是如此。透過環境和他人，也會刻畫、劃分和形成各種不同形象的自己。我認為，實際存在的我等於是拒絕接受因環境和他人劃分出的「名牌」。**「我活在當下，經歷著眼前現實，我對自己的人生負責，每瞬間自己都在做出選擇。」請經常感受這樣「完整的自己」**。

比起現在經歷的痛苦，最終能感受到「完整的自己」的人，相信終有一日可以擺脫痛苦的人，這種成熟的人隨處可見，但是他們並不見得都是取得非凡成就的人。凌晨清掃街道，向路人打招呼的、上了年紀的清潔員。做行動餐車生意，總是笑臉迎客的年輕人。只要我們留意身邊，就會看到這樣的人。他們的工作辛苦，所以人生不幸了嗎？所以他們的生活只有痛苦嗎？並不是。**只要努力讓自己的今天活得比昨天有意義，肯對自己的人生負責，無論過去經歷了怎樣的痛苦，現在所處的現實有多難熬，一切都將會變得自由，不被束縛。**

10、我處處迎合大家，為什麼還是被討厭？

有的人很受大家的歡迎，

大家都會主動向他吐露心聲。

他那麼堅持己見，為什麼大家還是喜歡他呢？

你確實看到了，
但卻沒有觀察。
二者的差別很大。
——夏洛克．福爾摩斯（Sherlock Holmes）

善於領導的人也擅長「調節情緒」嗎？是的。那他們也善於隱藏自己的情緒嗎？不是。

丹尼爾．高曼（Daniel Goleman）是提出「情緒智商」（emotional intelligence）的重要心理學家。除了丹尼爾．高曼，還有很多心理學家整理了與情緒智商有關的理論。丹尼爾．高曼將情緒智商的重要性與領導能力聯繫在一起，自此打破了只有智商高的人才能在社會上取得成功的偏見。這一觀點說明了，如何在組織裡建立關係，如何與他人協商，如果需要與消費者、大眾溝通，都會與「情緒」息息相關。據悉，情緒智商在提高學業完成度上，也會起到很重要的作用。

我認識的A在公司以善於處理人際關係出名，不僅與公司的後輩，就連其他公司的職員也相處得很好，而且能力也獲得公司的認可。A並不溫柔，也不幽默，而且也不是喜歡和別人經常聚在一起的性格，但是大家都會跟A吐露心聲。A很擅長詢問對方言語和行動背後隱藏的情感。

例如，有人辭職的時候，我們通常會問理由：「為什麼辭職？要轉職去哪裡？」又或者做出這種反應：「不是，我對你那麼好，你居然不做了？這讓我很難過欸。」但A會這樣問：「要辭職的人臉色怎麼這麼差？不是應該開心嗎？」、「也是啦，遇到這種事，換作是我也會辭職。」A會先觀察對方的內心，對方也會跟著卸下防禦，傾吐內心真正的想法。

「其實從組長到後輩，我沒有交到一個朋友，很孤單。仔細想想，我為了不受到傷害，總是採取防禦的姿態。再不然，就是為了親近對方，做出很超過的舉動。幸好後來我也當了組長，從那時起我就想，不要再讓我們組的組員和我一樣，所以如果有人一副精神緊繃的模樣來找我談話，我會對他說，放輕鬆，我會聽你慢慢地把事情講清楚的。我知道你苦惱了很久才來找我，所以就算放輕鬆跟我講話，我也能理解。」

讓對方卸下防禦，沒有比理解他的情緒更好的方法了。如果彼此能感受到情感的交流，那麼兩個人的自尊感都會提升。如何培養這種領導能力呢？

擅長使用情緒的人們

情緒智商不是「隱藏和控制情緒的能力」，而是「使用情緒的能力」。

第一階段：認知情緒。「那個人口氣溫柔卻眉頭緊鎖，可能有什麼煩惱或

生氣的事。」**透過他人的表情、姿態、行動、語言和狀況，來準確地掌握他人的情緒。**

「老媽氣勢逼人，看來她真的很生氣，搞不好我又要挨罵了。我還是趕快回房間寫功課吧。」

像這樣，認知他人的情緒，掌握他人的需求，進而調整自己的行動。

「雖然他嘴上說沒事，但現在氣還沒消。我說，明天見，但他反問，『今天很忙嗎？』看來，他今天很想見我。」

情緒智商不僅是調整自己的行動，還能擴展到區分他人原生、衍生情緒的能力。準確掌握他人的情緒是一件相當困難的事，因為不知道對方會多坦承和準確地表達情感。

第二階段：透過情緒促進思考。簡單來講就是，**正向情緒會引導正向思考，負向情緒會引導負向思考。**

「最近開會大家都想不出好主意，公司的氣氛也不是很好，不如找一天，我們一起去看一部有趣的電影吧。」

我們來想一想，為什麼公司動不動就搞聚餐，或是舉辦研討會搞一些活動。雖然這也有提升員工團結力的用意，但更重要的是為了提高大家在組織中的情感連帶感，進而營造正向的工作氛圍。這種領導能力可以說是一次元的，比起利用情緒發揮領導能力，其實還存在更高次元的能力，其中之一就是「利用自己的情感來理解他人」，前面提到的A就是善於利用自己情感的人。升職組長A好好地利用了自己還是組員時感受到的豐富的情感，準確地掌握了其他

組員的情緒。

具備這種優秀能力的人不認為人的情感是「固定的」，他們覺得人的情感是「多變的」，也知道情感會隨著想法改變，想法也會隨著情感發生變化。他們知道那個人現在是這種表情，但五分鐘後，他的情感就會發生變化，所以與人相處時，他們不會感到害怕。雖然那個人現在在鬧事，但十分鐘後就會安靜下來，所以應該思考的是能讓他安靜下來的方法。

我和你存在不同顏色的情感線

善於調節情緒的人能夠好好的理解每個人擁有的「固有的情感線」。乍看之下，會覺得情感線等於一個人的性格，可以用「爽朗、安靜、活潑、慎重、少言寡語」等詞彙，來形容一個人，但這不過是指一個人基本情感的色調罷了。

舉例來講，絲綢和棉是不同的。首先它們的質感不同，原料也不同。絲綢來自蠶繭，棉產於棉花，但它們都可以視為布料，可以做成包裹布或衣服。但絲綢不會像棉一樣會吸水，棉也沒有絲綢的光澤。像這樣，人的情感也存在固有的特性，我們將其稱之為情感線。

我們常說：「每個人的想法都不一樣。」情感也是如此。即使經歷了同樣的事情，但每個人的感受都不一樣，有的人可能弱一些，有的人則可能強一些，有的人甚至還會有完全不同的感受。

能夠對普遍的情感產生共鳴，深知每個人存在固有的情感線，並且能尊重這些情感線的人才會受歡迎。這樣的人一旦成為領導者，才會深受大家的喜愛。事實上，人們不喜歡想要控制自己的人。試圖控制他人的想法是，「你必須和我一樣。」或者，「因為我比你有能力、比你年長、比你富有、比你有力氣，所以我應該掌握控制權。」強迫他人「你必須和我的感受一樣」，或者

「我的感受才是正確」的人，很難讓人產生好感。與之相反，「我有我的理念、情感和個性，但我願意坦誠與你交流，透過彼此的相互作用找出更好的方向。」我們會覺得秉持這種態度的人更有魅力。

因此，我們必須承認彼此都有「自己專屬的情感線」。不僅是情感線，還有情感的領域和情感的顏色。把這些綜合起來就是我們常說的「個性」。我們從藝人身上馬上就能感受到這一點，有的藝人看起來讓人覺得他非常努力，有的藝人則給人一種油頭滑腦的感覺。有的人會讓人很想幫助他，有的人一看就知道他很聰明，根本不需要幫助。

事實上，我們並不知道那個人是否很努力、很討厭或很聰明，我們只是透過他的言語、行動和表情，揣測他「固有的情感線」罷了。在這個過程中，我們也會做出情感上的反應，最基本的反應就是「喜歡」或「討厭」。

討人喜歡的人擁有怎樣的情感線呢？因情況而異。透過歷史偉人可以知道：太平盛世，需要的是黃喜[1]這樣的領導者；動盪時期，就需要像韓明澮[2]這樣的領導者了。那現代社會呢？如今，越來越重視一對一的交流，在領導能力中，情感交流的比重也增加了。因此，隱藏自己的情緒或迎合他人的情緒，只會讓自己活得更加辛苦。

平凡人難以成為領導者

我們把情感線弱的人稱為「平凡人」。組織裡需要這樣的人，因為這樣的人，在擁有各種情感線的人之間發揮了黏著劑的作用。

但平凡的人難以成為領導者。所謂的領導者必須能帶動人心，也就是說，他的情感必須存在正反兩面，這樣在組織中才會有存在感。**人們喜歡情感線一目了然的人，只有在「個性鮮明」的時候，才會感受到那個人的魅力**。很多人不能忠於自己的情感，只迎合別人的情感，這樣做只會讓自己吃虧。

很多人聚在一起時，大家講了不在場的A的壞話，但我什麼也沒說，只是安靜地聽著。但幾天後，A反而質問我：「為什麼講我的壞話？」我自然會覺得很委屈。

這次大家聚在一起對公司的方針提出了不滿。但我覺得這種事有必要抗議嗎？所以只是面無表情地坐在那裡。其他同事看到我這樣，覺得「這個人怎麼不表態呢？看來不能和他計畫什麼事」。自此之後，無論公司發生什麼事，大家就不會找我參與了。即使不能強烈地表達自己的主張，至少應該坦誠表露自己的情感。除此以外，還要能理解他人情感和隱藏在情感中的需求，這樣的人才能成為領導者。

要想成為領導者，還要能掌握團體的情緒。例如，團體成員都反對某件事的時候，表面的理由背後，可能存在著其他的理由。領導者必須能看出隱藏的

1 黃喜，朝鮮王朝的名臣。
2 韓明澮，朝鮮王朝前期的文臣。

理由，如果只看到表面上的憤怒，就斷言「那個人無法溝通」的話，是無法解決問題的，更不會產生領導能力。

因此，**要想培養領導能力，必須能夠「區分事實與情感」**。唯有做到這一點，才能理解整件事和發現核心問題。不僅個人，在說服團體的時候，也要以相信「情感會發生變化」為前提，來進行溝通。

為了不被團體的情緒所利用，還要擁有「解讀團體情緒的能力」。社會上所有團體都帶有「目的」。為了那個目的，會利用所謂的「名分」。例如，公司的目的是為了創造利益，如果員工不能勝任職務，那麼公司就會勸他離職。為了製造解僱的名分，會要求他寫三次以上的詳情報告書，或是乾脆把他調到偏遠的分公司，好讓他主動遞辭呈。同學會和同好會等的私人聚會的目的，是為了「增進友誼」，宗教團體的目的是「信仰」。為了這些目的，必須樹立名分，為了確保名分的合理性，還要營造「團體情緒」。最後，會讓難以適應團體情緒的人主動走人或被趕走。

我想起了一位母親講述的事情。她的兒子在國中的棒球部，聽說三年級的學長把新生召集起來，強調必須遵守訓練的時間，以及聽從教練和老師的話。這些學長並沒有做出過分的舉動。但一名一年級的學生家長得知這件事以後，向教育部舉報了。這裡產生了一個疑問。為什麼那名家長沒有跟老師、教練或校長反應，而是直接向教育部舉報呢？按常理來看，通常會先解決內部問題，不得已的時候才會往上舉報或向外界尋求幫助。很快地，這件事的謎底解開了。那名家長對教練不滿意，希望學校換一個新的教練，而這件事便成了契機。他藉由煽動團體的情緒，把事情搞得更加複雜。

我認為團體情緒很多時候都是負向的，因為構成團體情緒的基礎都是個人的情緒，而個人的情緒必須受到尊重。但個人的力量很弱，所以常常會被團體情緒所利用。不被錯誤的團體情緒所操控，也是成為領導者的重要條件。

總而言之，**快速掌握團體情緒是領導者的能力**。以下，舉兩個例子。

不安＝我們現在做的事情落伍了。

憤怒＝這是不合理的事情，應該提出改變。

下屬都喜歡跟隨可以快速掌握狀況的領導者。部門之間發生衝突時，下屬會喜歡跟隨保護組員利益的組長呢？還是只顧全大局，凡事做出讓步的組長呢？當然是前者了。如果只強調「應該理性判斷事情」，然後安撫組員，「人家也有自己的立場，你就忍讓一下吧。」這樣下去的話，組員會變得越來越被動，而且以後無論發生什麼事，也不會告訴組長了。

此外，**領導者還要善於利用情緒的各種層面，因為情緒的變化會帶動不同的思考**。喜悅等正向情緒會帶動直觀的、創意性的思考；難過等負向情緒會帶動追求細節、慎重的思考。兩種情緒都有優點，領導者必須培養自己的情感能力，主動應對各種狀況。

我是否在耗損人們的動力呢？

伊利諾大學的心理學家蘭迪・拉森（Randy J. Larsen）指出：「如果上司不立即表達自己的情感，慢慢地下屬會因此累積挫折感，然後某一天，會轉變成憤怒爆發出來。如果上司及時且適當的指出問題，下屬是有能力解決問題的。很多上司都會在事情已無法挽回、難以控制憤怒之情的時候，指責下屬。（中略）這種行為是激發動力最糟糕的方式。」

這是丹尼爾・高曼的著作《EQ：決定一生幸福與成就的永恆力量》中的內容。在領導能力中，情感能力之所以重要，是因為情緒與激發動力的力量有著非常緊密的關係。激發動力，可以分為激發自己的動力和激發他人的動力。

如何激發自己的動力呢？「嘗試看看，一定會有好的結果。」、「這是很有意義的一件事，我可以做得到！」、「這是新的挑戰，一定很有趣。」對自己喊話，可以燃起自信心，因為這些話都出自正向情緒。

看到能以正向情緒激發動力的人，我們會對他有信賴感，進而希望追隨他。若想激發他人的動力，首先要學會在正向情緒的基礎上激發他人。只有在正向情緒基礎上激發出來的動力，才具備效果。既然這樣，那麼我們該怎麼做呢？

動力，分為外在動力和內在動力。外在動力是指，為了獲得獎項、稱讚、名譽、金錢或地位等，而付諸的行動。相反的，內在動力與補償沒有任何關係，只是單純地主動參與。內在動力則反映了心理成長和自我實現的需求。

如果對獲得內在滿足的行為給予補償的話，該行為的內在動力便會減弱。這種情況稱為「過度辯證理論」（overjustification effect）。給考試高分的孩子零用錢，就是最典型的過度辯證理論。

內在動力比外在動力高的人，工作成果、毅力、創意性、自尊感、活力和幸福度也會很高。內在動力由三種能力構成：能夠有效應對狀況的能力、能夠

建立相互支持的人際關係的能力、能夠獨立自主做出決定的能力。

想要成為組織的領導者，就必須從組員身上誘導出以上三種能力。如果能讓組員感受到「我可以應對狀況、我可以獲得支持、我具有自主性」，並且能好好的運作組織，我們才會覺得這個人具有很強的領導能力。

成為領導者不是控制和管理他人，領導者的位置不過是讓人們「假裝聽從」罷了。**所謂的領導能力，是讓人們在危機的情況下獲得勇氣，在困境中發揮創造資源的力量，其中所需要的溝通能力、共感能力和自我擴張力等，都是情感能力的核心。**

11、把情緒寫在臉上是好事？

我的嗓門變大聲的時候，其實我自己已經意識到了。

明知道「不應該這樣」，但為什麼做不到呢？

我該怎麼做才能成熟的表達自己呢？

不要哭，
不要氣，
不要恨，
要理解。

——巴魯赫．史賓諾沙（Baruch de Spinoza）

心理學家萊斯．格林伯格（Les Greenberg）曾說過：「在適當的時間點，帶著適當的意圖，以適當的方式對某人表達適當的憤怒，是很難的一件事。」

「我也不想太激動，但說著說著嗓門就變大聲了。我自己有意識到這一點，也知道『這件事搞砸了』，但就是無法控制情緒。」

為什麼我會做出這種失誤呢？是不是因為我是一個情緒起伏很嚴重的人呢？情緒起伏很嚴重究竟是什麼意思呢？在精神病學中，也有人因為情緒起伏接受治療。有的人早上心情還非常好，但到了晚上就會變得非常憂鬱。這樣的人就是我們常說的罹患「躁鬱症」的患者，所以也需要像思覺失調症患者一樣接受藥物治療。

每個人都有某種程度的情緒起伏，如果強度、頻率和持續的時間超出一般範圍，就會對正常的生活造成影響，而調節情緒能力偏低的人，很難適應人際關係和社會生活。比起嚴重的情緒起伏，無法調節情緒更為嚴重。

你連自己的情緒都無法調節嗎？

從某種角度來看，情緒難以調節的理由非常單純。試想一下，什麼時候會出現情緒難以調節的問題呢？正是「心情不好的時候」。心情好的時候，我們幾乎不會遇到這種問題；但在心情不好的時候，所有的事情就會變得一團糟。

誰來打招呼都會覺得心煩，朋友也沒說什麼，就對朋友發火。在重要的會議上悶悶不樂，一句話也不講，得心應手的工作也被搞砸了。為了轉換心情，買了不需要的東西，還暴飲暴食。甚至還拿自己珍愛的物品出氣，冷靜下來之後非常後悔，但為時已晚，再想買一個新的，又覺得好貴；因為在會議上一言不發，主管就把我想負責的工作交給別人了。

當然，心情不好都是有原因的。但遺憾的是，在無法解決心情不好的問題下，我們還是要面對他人和工作，但是面無表情、心情不好，別人也不會理解，這樣下去只會把事情搞砸。那麼，我們應該學習壓抑情緒的方法嗎？

人們很容易指責他人：「你連自己的情緒都無法控制嗎？」但控制（control）和調節（regulation）是兩件完全不同的事。如果說控制是抑制情緒，那麼調節不僅包括抑制情緒，還涵蓋著表達和發洩的廣泛意義。我們必須具備的情感能力是「調節」。

調節也會誤以為是防禦。「防禦」是指迴避問題或過度警惕，這與精神病學中的心理防衛機制相似。例如：心理防衛機制中的投射，是指否認自己帶有攻擊性的計畫和衝動，而將其視為他人的現象；處在不安狀態的人與人接觸時，會認為「那個人對我有敵意」。

調節情緒，包括：正向和負向兩種情緒，指的是無意識和有意識的過程。同樣與丹尼爾．高曼指出「情緒智商」重要性的彼得．沙洛維（Peter Salovey）和約翰．梅耶（John Mayer），將情緒智商分為四個階段。其中的「調節情緒」，就是歸為第四階段的高次元能力。調節情緒的能力又可以分為四個階段：

第一階段：接受情緒，並作出反應的能力。

第二階段：介入、維持、超脫情緒的能力。

第三階段：反射式評價情緒的能力。

第四階段：調節自己和他人情緒的能力。

我們來詳細看一下每個階段。

第一階段，什麼是接受情緒，並作出反應的能力呢？

・為什麼我這麼生氣呢？我不應該生氣。

→啊，我是因為○○○○所以生氣。這的確很教人生氣啊。

・我不應該這樣，但我怎麼總覺得心裡不安呢？

→也是啦，在這種情況下，當然會覺得心裡不安了。

像這樣，**徹底接受自己的情緒**。經過這個階段以後，無論是正向還是負向情緒，都會覺得我「掌握」情緒了。如果強制要求自己迴避已經產生的情緒，就只會讓調節情緒變得更加困難。承認自己感受到的情緒，並且接受它，這就

是將情緒合理化。

第二階段，介入情緒。要怎麼做呢？之前我已經提到過，就是：**區分情緒與行動**。要想做到這一點，就要先捫心自問。

「這種情緒對我有幫助嗎？」

透過這樣的問題，我們可以判斷「我應該表達情緒，還是阻斷情緒」，然後醒悟到我們應該將情緒從行動中分離出來。感受某種情緒與不經沉澱直接表達情緒是不同的，小孩子生氣時，會大喊大叫鬧脾氣，還會哭得很傷心，但長大之後，就算生氣也會沉澱之後再採取行動。但仍有許多人長大以後也不會區分情緒與行動，他們會問：「我生氣，吼個幾句，有什麼不對？」這樣的人沒有調節情緒。如果能夠區分情緒與情動，便可以做出判斷：「雖然我很生氣，但現在指責他對我沒有好處，還是想一想其他的辦法吧。」

第三階段，理解我的情緒怎樣投射在他人身上，評估對他人造成的影響：「因為我昨天發神經，他到現在還在生我的氣，所以才會反對我的意見。」我們需要這樣的「解讀能力」，來搞清楚自己與周圍環境之間，情緒誘導出了怎樣的行動，以及這種行動所帶來的結果。這被稱為「情感素養」（emotional literacy）。就像我們說的「文學教養高，音樂造詣深」一樣，情感素養意味著能夠很成熟的理解情緒。

第四階段，調節自己與他人的情緒階段。尋找並調節我的情緒，在社會及文化上能夠好好被接受的方法。

當我得知組長給了我不當的評價時，我當然怒火中燒，很想立刻衝去人力資源部指責組長的不是，以表示抗議。但這種盲目的行為，只會讓人力資源部的人覺得，「這個人怎麼把公事當成私人問題，也太情緒化了吧。」為此，我必須思考，「這種憤怒要怎麼轉換成對我有利的行動，我應該如何表達情緒，才能讓人力資源部的人幫助我。」

情緒調節能力高的人看起來很有自信且強勢。其實，越是沒有自信和能力的人，越應該培養調節情緒的能力來保護自己。前文已經提到很多次，情緒是「主觀的」，我們要掌握的是圍繞自己的「客觀事實」。後來我得知，組長對全組人員的評價都不好。是否知道這個事實，會帶來截然不同的結局。如果先發洩情緒的話，就很難掌握這一客觀的事實了。

在第四階段中，會積累我們常說的「口碑」，**仔細觀察我們經歷的所有問題，大部分都是口碑和名分的紛爭。特別是當自己處在不利的位置時，更要好好地積累口碑和名分，透過調節情緒，我們也可以培養積累口碑的能力。**

明確表達自己的方法

事實上，**只要「不激動」，就可以好好地傳達感受，讓對方理解自己，最終實現自己的目的。**我們主要透過語言和文字來表達自己，所以很多人會大量閱讀教人講話和寫作的書籍。那麼使用怎樣的表達方式、語言、提出怎樣的問題，才能明確的表達自己呢？養成什麼習慣可以提高表達的能力呢？遇到這種問題的時候，我的回答是：**使用「非暴力的對話方法」**。其核心概括如下：

- 表達觀察到的事實：不摻雜個人判斷，只敘述原本的狀況和事實。

  例如：聽到你說現在很累……
- 表達感覺和情感：誠實說出自己的感受。

  例如：很教人擔心。
- 表達需求：具體說出自己需要什麼。

  例如：我想幫助你。
- 表達請求：具體提出現在我可以做什麼。

  例如：你能告訴我，我現在應該怎麼做嗎？

雖然表達自己的需求很重要，但有時也必須明確拒絕對方的請求。如何拒絕對方呢？確立以下三個目標，並且表達出來。

1. 準確瞭解對方的需求。
2. 誠實傳達自己的立場。
3. 明確地拒絕。

「你是想要我幫你加班啊（瞭解對方的需求），但我今天有約了（傳達自己的立場），我幫不了你（拒絕）。」把這三個目標設定為我的「界限」，這樣一來，就不會產生不必要的情緒了。如果不立下界限，我們就會胡思亂想。

「他把我當成什麼了，竟然叫我幫忙加班，是覺得我好欺負嗎？」、「不幫忙的話，他會討厭我吧？」、「我要是不幫他，那以後如果我有事找他幫忙，他肯定會拒絕我吧？」、「我不想破壞同事關係。」、「他一定很累，不然不會找我幫忙。」最好不要讓自己這樣胡思亂想。

調節立刻湧上心頭的情緒，並不像嘴上說的那麼簡單。即使下定決心「我一定要好好調節情緒」，但還是很難做到。這時，我們應該怎麼做呢？仔細觀察孩子，不難發現很多孩子都非常擅長調節情緒，年紀那麼小的孩子是怎麼做到調節情緒的呢？《孩子的情緒智商》一書中有這樣一段話。

> 朴潤昭這樣解釋道：「情緒智商高的孩子善於調節、克服當下產生的衝動和挫敗，他們沒有壓抑自己的情緒，而是想著更大的滿足與目標，忍住了一時的衝動。」

要想不激動的表達自己，就要想著「接下來的事」，也就是說要「超前思考」。猶太教的聖經《米德拉什》裡說：「這也會過去。」所以，我們不妨這樣思考。

- 這種狀況會過去的，想想接下來的事吧。
- 那個人不過是他人，重要的是我自己。
- 此時，這件事重要嗎？有那麼多比這件事更重要的事情。
- 如果能忍住現在的情緒，就會帶來更好的結果。

透過這樣的想法，我們可以培養情感能力。

12、
善於轉換情緒的祕訣

生活中，有時我們會需要像演員一樣演戲。

但是，這樣做會不會覺得有點虛偽、一點也不像自己呢？

為什麼我們連心情也要演呢？

你有改變想法的權利。

——曼紐爾．史密斯（Manuel Smith）

理查．拉薩魯斯（Richard Lazarus）是一位以研究壓力而聞名的美國心理學家。拉薩魯斯指出，當人們感受到壓力時，會採取以下兩種應對方法。

1. 聚焦問題：嘗試改變問題和狀況。
2. 聚焦情緒：為減少痛苦的情緒而採取行動。

我注意到的是第二種應對方法。第一種嘗試改變問題和狀況，是非常難的一件事。弟弟總是來煩我，但我不能把他丟出家門，也不可能立刻改變他的行動。所以比起從問題和狀況出發，緩解情緒才是更聰明的方法。「他還小，不懂事。我連奧客都能忍，還忍受不了他嗎？」又或者是轉換想法，「弟弟這麼做是想我陪他玩。」

聚焦情緒的應對方法，是指為了調節因自身所處的狀況或問題產生的情緒反應，而採取的行動，包括：迴避、轉移注意力、正向思考和認知重新評估等。

拉薩魯斯認為，即使是相同的壓力因素，也會因人而異，分為負向壓力和正向壓力。其中，正向壓力可以提高生產力和創意。例如，期末考近在眼前，學生感到焦慮不安，但即便如此，也不能放棄考試，利用適當的焦慮與不安，可以促使自己更加努力備考。如果把來自考試的壓力轉化為正向壓力的話，便會賦予自己「努力備考」的動力，從中獲得更好的學習效果。像這樣，在日常生活中，利用適當的壓力是一個很好的方法。消除壓力不是消除壓力本身，而是調節負向情緒的強度，使其發揮正向的作用。

我覺得利用「工具式情緒」（instrumental emotion）來處理情感問題，是一個很聰明的方法。工具式情緒是情緒聚焦療法（Emotionally Focused Therapy）的代表人物萊斯・格林伯格，所提出的概念。

利用製造出來的情緒

所謂「工具式情緒」，是指為了達到目標而故意製造出來的情緒，主要使用於社會關係和人際關係。例如，寫報告發生筆誤的員工為了解決事態，向主管表達最大限度的歉意、尷尬和難為情。與意見相佐的人爭吵，有的人為了占據優勢，會表現得非常憤怒。像這樣，**為了對他人行使影響力，帶有目的的表達情緒，就是工具式情緒**。

用「演繹心情」來解釋的話，應該更容易理解，也可以把工具式情緒，稱為「情緒的面具」。心理學家卡爾・榮格（Carl Jung）提出的「人格面具」概

念是指，為了在不同的社交場合展現不同的形象、扮演不同的社會角色，我們會穿戴上不同的「自我」。就像我們會配戴不同的人格面具，扮演社會上不同的角色一樣，情緒也是如此。為了解決某種情況，利用「製造的情緒」更可以處理好人際關係。以下幾種情況，我們會利用到工具式情緒：

「部長是在胡言亂語什麼？他講這些話是在刺激我吧？好氣喔。但如果我表現不滿、生氣的話，只會惹部長生氣，結果更糟糕。我還是接受現實，給出正向反應好了。」

「昨晚回家晚了，媽媽非常生氣。我得拿出抱歉、反省的態度。」

「期中考考砸了。我得問一下教授是否能用讀書報告取代期中考。首先，我必須盡可能地讓教授知道我沒考好的困境。」

工具式情緒的功能，如下：

第一，阻止負向的結果，培養自我效能，對自己的行動滿意：「媽媽不生氣了。我做得很好，她氣消了。」

第二，給他人帶來正向的影響，有利於建立社會關係。如果能聽到教授說：「好吧，既然你認知到了自己的失誤，那我相信你下次可以避免，做得更好。」可以把這次的事當作下次能夠獲得稱讚的契機。

第三，為了目標，培養適當的調節情緒的能力。有助於產生自信心，「以後就算部長再說什麼，我也不會生氣了」。

特別是情緒勞動者，更需要利用工具式情緒。適當的利用工具式情緒，有助於我們扮演好社會的角色。但我們有時也會利用工具式情緒來支配和剝削他人。例如，不想跟戀人分手，會過度自我貶低或表現得過度絕望，以此來刺激對方的罪惡感，這麼做是為了不讓對方離開自己。

像這樣，**工具性情緒也存在正反兩面。因此，過度使用的話，也會對人際**

關係帶來副作用。我們將習慣性使用工具式情緒的人，稱為「虛偽的人」。這種人缺乏真實感、不願打開自己的世界，所以很難與他人建立有意義的關係。我們很容易便能看出「那個人好虛偽」、「他看起來就像在演戲」。

但是，善於使用工具式情緒的人真的很自私嗎？與其說自私，不如說他們更尊重別人。

最佳的效果是真實

我們也有可能產生這樣的想法：「如果對方透過工具式情緒來利用我怎麼辦？」當然，我們的確會被對方欺騙。但情感是出自本能、很直觀的。在我們學會講話以前，都是靠情感來交流。即使是不會講話的孩子，透過周圍的氣氛，也可以感受到對方是否存在善意，所以隨著年齡的增長和經驗的累積，我們可以很快地察覺出對方的情感是真還是假。

相反的，如果自己過度使用工具性情緒會怎樣呢？會產生負向的感受，自尊感也會隨之降低，還會產生疑問：「我有必要為了在意別人的眼色而演戲嗎？」這也是我們在前文提到的，情緒勞動者遇到的問題。

「真實性」（authenticity）是能讓人變得正向的品德之一。真實性，是指不虛偽、不偽善，如實地表達自己，並且能夠對自己的情緒和行動負責的態度。

發現報告書中的錯誤時，比起強迫自己道歉，若能先端正態度，「啊，我在寫報告方面還存在這樣的不足，就算沒有人指出這些問題，我也應該改善。」這樣一來，就算不利用工具性情緒，也可以好好的把自己的情感傳達給他人了。

我們也會看到過於誠實的人，有些事明明說點無傷大雅的謊言就可以息事寧人，但他們還是會堂堂正正地承認自己的錯誤。對這樣的人而言，真實性並不是狹義的「不說謊」，而是意味著反思自己，並接受這樣反思的自己。因為

他們覺得這是「做自己」，所以應該誠實。在人際關係中，這種真實性會成為獲得信賴的基礎。

即使遇到像是憤怒等的負向狀況，真實性也會有所幫助。對方講的話讓我產生了不悅之情，但我們都不敢表達出這種負向的情緒，所以裝作無所謂或是歪曲情緒，最終只會帶來令彼此不舒服的結果。相反的，有的人即使表達不悅之情，也不會讓對方不舒服。仔細觀察這樣的人會發現，他們在面對自己的情感時都非常誠實、坦率。**能夠坦然面對自己的情感的人，會在引發負向情緒的原因消失以後，立刻驅散負向的情緒**。

大家的周圍是否也有這樣的朋友呢？當別人胡亂開玩笑的時候，他會說：「喂！不要說那種話！」講出這句話的時候，他明明很生氣，但當對方住口以後，他的憤怒就立刻消失了，這真是驚人的調節情緒的能力。相反的，**該講的話不講出口，就只會累積負向的情緒一直耿耿於懷。比起這樣，誠實的言語和行動，反而更能讓對方感到舒服**。

最終，**當我們想要擺脫對自己不利的狀況、不愉快的關係和痛苦的傷口時，最佳且最有效的方法就是「真實」。在真實的基礎上，再加上適當的使用工具式情緒。**

雖然立場不同，但可以理解

真實的人有著很強的共感能力。共感能力可以分為對自己和對他人，觀察自己的內心、感受心情、找出並滿足自己的需求，可以視為對自己的共感。相反的，共感也有強調要對他人感同身受的立場，對於弱者產生憐憫之情，注重理解自己與他人的不同。

透過觀察可以發現，很多觀點只偏向了一邊。有的書指出，他人終究無法理解自己，所以最好保持距離；有的書則強調，理解他人就是「對他人產生共感」。但對自己和對他人的共感就像硬幣的正反兩面，缺少一面都無法培養共

感能力。

兩種立場都存在著問題。首先，重視對自己的共感就等於是強調「我是正確的」，也就是說，「我的情感很重要＝我是正確的＝他人是錯誤的。」但事實並不是這樣的，承認「錯的是我，失誤的是我」，也是對自己共感的一部分。

對他人共感強調的是「對自己不會造成威脅的他人」，即對比自己能力低、不會對自己造成威脅的人，產生共感的能力；又或者是只選擇與自己同質性的、自己喜歡的人。看到自己討厭的人犯錯我們可以馬上指出問題，但看到自己喜歡的人犯錯，就會努力去理解他犯錯的原因。

與好感度無關，接受自己與他人的差異才是真正的對他人產生共感。真正對他人共感，不是以「好吧，我理解你」的態度，而是「雖然我與你的立場不同，但我可以理解你為什麼有那種情緒」的態度。

像這樣能夠好好的連結對自己和對他人共感的人，也能好好的使用工具式情緒，進而建立更正向的人際關係。如果非要問，兩者之中哪一邊應該放在首位的話，那自然是對自己的共感了。因為只有懂得對自己共感的人，才能以此為基礎，對他人產生共感。

停止模擬想像，敞開心扉去體驗吧

「跟人見面的時候，我會先推演要說什麼，在腦海裡進行十次左右的模擬想像。來見您以前，我也是這麼做；做好準備後，在見面的時候按下播放鍵。我覺得這樣提早做準備是我的優點，但當被問到『你此時的感受』時，我就啞口無言了，甚至事後也搞不清楚當時是什麼感受。」

來找我傾訴煩惱的諮商者正在接受心理諮商的教育課程，她覺得自己的共感能力很低，所以我問他：「那你不做準備、不使用『濾鏡』，見過什麼人

嗎？」他的回答是沒有。

這樣的人做心理諮商會怎樣呢？雖然他的頭腦很想理解諮商者，但心裡卻做不到。即使不是從事心理諮商的工作，在生活中，我們也會遇到很多需要讀懂他人情感的事。要想讀懂他人的情感，首先要具備能對自己共感的能力。具備很高的自我共感能力、且體驗過豐富情感的人，才能看得出他人身上的各種情感。

能力弱的人才會像這位諮商者一樣反覆「模擬想像」。例如，部長找我，感覺他是要分配一份我很不想做的工作給我，於是我開始在腦海裡模擬想像，「他這樣講，我就那樣回答；他那樣問，我就這樣回應。」但這樣的模擬想像，對方也會做。雖然是上司見下屬，但誰都會緊張，所以都會提早準備，「如果下屬這麼說，那我就這麼講。」

這種行為也與情感能力有關。情感能力強的人不會草率地做出預測。與人接觸時，如果提早做預測，很有可能不會實現真正的共感和溝通。像是這樣：

「我就知道你會這麼說，所以我有備而來！」

我們應該誠實地應對狀況，以現在（now）、當下（here）的情感與對方溝通。「啊，原來你是這麼想的呀。但為什麼會這麼想呢？」像這樣，**透過反問與對方交流情感，才有可能減低對方的負向情緒**。

情感能力強的人秉持著這種態度：「我不做預測，但我會努力發現和接受無法預測的事情。」與這樣的人接觸時，會讓我們感受到自己的情緒也變得平靜了。如果這種態度是與生俱來的，當然最好不過，但後天也可以培養出來，好的情感和態度可以透過不斷地模仿和練習獲得，同時也要提早、大膽的放棄負向的預測。

很多關於人際關係的建議都會說：「這種情況，要這樣應對。」但在生活中不難發現，這些建議絲毫沒有用處。人生往往不如預期，很多事情雖然可以提早做準備，但唯有「思考可能性」的準備才具有效果。當我們只想得出「一種正確答案」，就會受限於既不能對自己、也無法對他人產生共感，更無法敞開心扉與他人進行情感上的交流。

如果一定要模擬想像的話，那麼請嘗試「接受式的模擬想像」。與其想像「那個人一定會生氣，我該怎麼防禦呢？」不如想像，「他一定會生氣。那我就先聽聽他怎麼說。他一定有生氣的原因，說不定能找到解決問題的辦法。」因為接受式的態度，能讓彼此朝著積極的目標前進。

同樣的，使用工具式情緒也是如此，比起負向情緒，更要使用正向情緒。與其想著，「朋友生氣了，我要發更大的火堵住他的嘴。」不如換一種方式，「朋友生氣了，但我們是朋友，要讓他信賴我。」這樣才能讓情況好轉。

13、

可以忍受孤獨，

但不想覺得無力

總是有股淡淡的寂寞湧上心頭，

跟大家在一起的時候也有這種感受。

難道，我有什麼問題嗎？

最嚴重的寂寞，
是無法與自己安然相處。
——馬克．吐溫（Mark Twain）

他走在沙漠裡
因為孤獨
所以偶爾會倒退幾步
好看一看
面前的腳印

這是一首由名叫霍頓斯．威露（Hortense Vlou）的法國人所寫的詩。平時不覺得孤獨的人讀到這首詩，想必也會心頭一震，因為孤獨是人類所能夠感受

到的最普遍的情感。即使現在覺得很幸福，偶爾還是會感到孤獨，而且人類所有的舉動都是為了解決孤獨。夜晚讀書、看電影，週末去相親，孤獨就是去做這些事情的理由。

孤獨很奇妙。有的人可以忍受孤獨，有的人卻一點也無法忍受。但跟人見面似乎也無法消除這種孤獨感，因為很多時候，我們都不知道自己為什麼覺得孤獨。在學校、在公司，甚至和家人在一起，我們也會覺得孤獨。在人際關係中，孤獨會引發各種問題，總是糾纏某人，或是無緣無故發脾氣。為了擺脫孤獨，還會闖下莫名其妙的禍。但就算是這樣，還是會覺得無力和空虛。隨著能量的消耗，慢慢地喪失做事的意志。面對這種情況，我們該怎麼做呢？

孤單、無力、覺得空虛

情感是需求發出的信號。感受到孤獨，說明我產生了某種需求，像是想跟朋友聊天、想獲得愛等需求。我們不可能滿足所有需求，但如果持續不能滿足需求的話，就會出現「無力感」。與無力感相似的情感，還有空虛。

現代人經常感受到的情感就是孤單、無力，覺得空虛。這些看似相似的情感有什麼區別呢？首先，孤單是來自「關係」的一種情感。「我與你（你們）」等於是一種關係，當存在所謂的關係「對象」，人就會產生情感。但存在對象，卻無法進行「情感上的溝通」，就會感到孤單。明明那個人陪在我身邊，還是覺得孤單。這是因為即使我們在語言上有所交流，卻沒有情感上的溝通。

與他人無法溝通時會感到孤單，事實上，很多時候會覺得孤單都是因為無法與自己溝通。對自己與自己的關係感到不滿足，就會感到孤單，像是不能理解和表達自己的情緒，覺得無法與自己溝通。簡單來講，善於獨處的人、善於向他人表達需求的人、關心自我成長的人，往往不會覺得孤單。這樣的人懂得和自己溝通。相反的，不擅長與自己溝通的人，會一直向他人訴苦。

孤單的問題多半發生在夫妻和情侶之間，他們期待的是情感上的溝通，但往往得不到滿足。職場生活中，就算我們與主管無法做到情感上的溝通，也不會覺得孤單。這樣來思考的話，不難發現，孤單最終來自於自己的期待。平心而論，孤單終究是自己的問題。

孤單也是戲劇性人格障礙和邊緣性人格障礙患者的核心情緒。這些患者會把「孤單」和「空虛」一直掛在嘴邊。憂鬱症患者則不同，憂鬱症患者的特徵是做任何事情都沒有活力。戲劇性人格障礙和邊緣性人格障礙患者，都非常希望得到他人的關心和注目，當這種需求無法得到滿足時，就會感到孤單。SNS「按讚」的人數變少，很多人也會感到孤單。這些人透過與他人情感上的溝通，來補充填滿自己。

補充填滿自己的內容不應該來自他人，而是應該由自己創造。自尊感強的人會感受到暫時的孤單，但不會覺得所有的事都是空虛的，或是一直孤單下去。這是因為他們具備了尊重自己的能力。

無力感與孤單不同，無力感與需求受挫有關。無力感來自「我做什麼事都失敗，我什麼也做不好」的想法，反覆的失敗會產生無力感，難以適應狀況時也會產生無力感。

發生了新狀況，本應盡快適應新狀況，但面對與之前不同的狀況，反而不知所措。難以適應突發狀況，進而把能量浪費在莫名其妙的地方。因為沒能對症下藥，最終搞得自己精疲力盡，也把事情搞砸了。這時，不禁覺得「我果然沒有能力」，進而快速地放棄自己的需求，漸漸地深陷無力感之中。

一直無法擺脫折磨自己的狀況時，也會深陷無力感。現在任職的公司正在耗損我的能量，無論做什麼都提不起興致，雖然很想換工作，但老闆暗中嚇唬我：「你現在離職的話，很難找到工作喔。」聽到這種話，我就猶豫了。回到家仔細一想，的確也找不到更好的工作，然後反覆被這個問題困擾。就這樣，我沒有把能量用在尋找其他的工作，而是反覆思考應不應該轉職，最終耗盡了所有的能量，因此自然而然地處在無力感的狀態。

空虛，是尋找不到自己活著的意義而產生的問題，存在這種問題的人會想，「我為什麼活著？這世界少了我會發生什麼事嗎？」關心社會問題的人不會感到空虛，因為他們會參與很多事情，透過救助流浪狗、購買公平貿易咖啡、參與青瓦臺請願或環境保護活動等社會活動，確認自己存在的意義。

空虛感也來自於喪失。對自己影響很大的人過世或遭遇背叛時，會感受到席捲而來的空虛感。即使沒有經歷這樣的喪失，日常生活中無法確認自己的價值和信念，也會覺得空虛。

不瞭解自己的人也會覺得空虛。社會上很多成功人士也會覺得空虛。如：醫生、法官、檢察官或基金經理人。即使他們領高薪、社會地位高，如果找不到工作的意義，還是覺得空虛。

我遇過這樣一位諮商者，他的性格十分內向，因為父母的關係，身不由己地在做一份要與人直接接觸的工作。他的父母堅稱，只有外向性格才能在社會上取得成功，所以強迫他做這份工作。但內向的人，只有選擇能夠最大限度發揮內向性格的職業，才會感到幸福，讓他們去做汽車經銷商，業績肯定不會比外向的人好。一直身處否定自己性格的環境之中，只會更空虛。

不勉強建立歸屬感

為了消除這種孤單、無力和空虛，人們最常嘗試的事情就是建立「歸屬感」。正如眾多心理學家強調的，歸屬感是人類生活的基本動力。馬斯洛在談論人類動機的理論中，將愛與歸屬的需求排在第三位。阿德勒提出的生存、關係和成長需求中的關係需求，就相當於歸屬感的需求。

若滿足了歸屬感，就會產生各種相互作用，持續帶來照護和穩定的關係。在這個過程中，人們可以感受到滿足、安全和幸福。人們為了擁有歸屬感而參加各種活動，像是去看足球比賽，與支持同一支球隊的人一起看比賽，會有我是團體的一分子的感受，進而覺得幸福。我們去教會、參加同好會或同學會等

活動，背後也隱藏著對於歸屬感的需求。

當歸屬感的需求無法滿足時，人們會感到痛苦，這種心理上的痛苦與身體的痛苦相似。社會心理學家娜歐米・艾森伯格（Naomi Eisenberger）透過知名的「社會排斥」（social exclusion）實驗，發現了這一事實。

三個人在玩傳球遊戲時，其中兩人突然只把球傳給對方，不再傳球給第三人。這時，被排擠的人會感到心痛，因此激活大腦中感受人體痛苦的前扣帶迴皮質。艾森伯格在實驗中，分別給這些受到排擠的人兩千毫克的乙醯胺酚（具有止痛效果的普拿疼）和胃藥（沒止痛效果的藥丸），服用乙醯胺酚的參與者在三週內漸漸緩解了心痛，而服用胃藥的參與者則沒有任何變化。掃描兩組人的大腦後發現，服用乙醯胺酚的參與者前扣帶迴皮質的活動降低了。

事實上，遭到排擠的心理痛苦與身體痛苦是一樣的。因此，社會排斥甚至被稱為「心理上的死亡」。人類若感受到極度的孤獨，便會抑鬱，嚴重的話還會輕生。儘管我們瞭解了這些關連，但擁有歸屬感卻不是一件容易的事情。

「我無法忍受獨處，但也不喜歡和別人待在一起。我害怕別人說我不善社交，所以只要有聚餐，我都會參加。但就算參加了，我也是像石頭一樣坐在那裡。我很羨慕那些擅長聊天、很會玩的人，為什麼我做不到呢？」

「跟別人在一起的時候，我總是表現得很誇張，總覺得應該講一些有趣的事情逗大家開心。因為我無法控制自己的言行舉動，所以把場子搞砸了，我可以感受到大家都不喜歡我了。我也很想控制自己，但清醒過來才發現，我又在主導話題，一個人在那裡滔滔不絕了。我為什麼會這樣呢？」

「我覺得跟我們組的人很不合拍。大家都因為某件事開心，但我不知道有什麼好開心的。雖然表面上也跟著大家嘻嘻哈哈，心裡卻覺得自己好像另類。」

我們應該都有過這樣的經驗。**為了擁有歸屬感，表現得過度熱情、親密。相反的，感受不到歸屬感時，做起事來就會變得畏首畏尾，在人際關係中變得**

很被動。這都是沒有適當的滿足歸屬感而做出的愚蠢行為。《痛也說不出口》（아파도아프다하지못하면）一書中，提到愚蠢的英文單字「idiot」，來自於「遠離他人的人」（somebody with drawn from others）。也就是說，當我們感受到孤獨時，很容易做出愚蠢的行為。那麼，我們要如何解決這種來自無法滿足歸屬感的問題呢？

第一，「放棄」親近整個團體的想法。最明確的感受歸屬感的方法是，與團體中的一個人建立深厚的人際關係；即使與整個團體相處得很好，但如果沒有「那一個人」，最終也不會擁有歸屬感。這裡要轉換的想法是，**與他人建立關係和在團體中感受歸屬感，其實「是質而非量」的問題。**與其和沒有意義的一百個人見面，不如只見一個自己覺得很重要的人。見面聊一些無關緊要的事，並不是情感上的溝通沒有深度的交流，便無法消除孤獨感。

第二，從團體追求的「好的價值」中，尋找「我想要獲得歸屬感的理由」。不要為了擺脫孤獨，就加入與自己價值觀不同的團體。假設有幾個人只靠在背後講人閒話拉近關係，我為了融入他們也講了別人的閒話。雖然這樣會帶來一時的快樂、擺脫孤獨，但也會覺得自己「沒有價值」。

另外，如果加入錯誤價值觀的團體，當我們遇到困難的時候，會覺得沒有「被保護」。歸屬感與安全感有著緊密的關係，對於勢單力薄的個人而言，總會遇到難以憑藉一己之力解決的問題，這時就需要很多人團結在一起，才能度過難關。人們之所以加入特定的團體，是因為想要滿足對於安全的需求。如果勉強自己加入不同價值觀的團體，人生反倒變得不安，總讓自己處在「不是這樣的」價值觀中，漸漸地會失去自我。此外，不道德的團體會把個人視為手段而非目的，如果提出與團體目標不同的立場時，很有可能立刻被趕走。

第三，**將歸屬感理解為「擴展自己的世界」，而不是「成為團體的一分子」**。我們要能區分，想要擁有的歸屬感，是因為孤獨透過依賴他人來填補空虛，還是想透過共同體來擴展自己的世界、滿足成長的需求。情感能力強的人自然屬於後者，他們會透過共同體讓自己的人生變得更加豐富、多采多姿。像

這樣，我們需要的不是填補空虛，而是以成長作為動力的歸屬感。自主選擇和自動參與，才能讓我們有所成長。

事實上，情感能力越強的人，不太會有歸屬感的需求。歸屬感最重要的條件之一是「順從與服從」。因為團體與個人背道而馳，為了維持共同體，個人必須遵守團體的秩序。但自主性高的人，更傾向於自己做選擇，自己採取行動，如果他們認為團體要求的「順從與服從」與自己的價值觀不符，很有可能不遵守秩序。如此一來，就會受到團體的指責。不想忍受這種指責，甚至想要說服指責自己的人，就要學會與團體成員好好溝通，提高自己的自主性。

世界由我開始

我在諮商的過程中，發現很多人的苦惱都是來自家人的壓力。在家庭共同體力量強大的社會，我們都覺得家人不是說服的對象，而是順從的對象。因為

獨。

心理學家愛德華・迪西（Edward Deci）指出，人的心理需求分為：勝任感、關聯性和自主性，這三個需求必須相互協調。有別於大多數人的想法，提升自主性的時候，孤獨、無力感和空虛感才會消失，而不是提升歸屬感。是不是覺得很意外呢？

孩子和大人的差異就在於此。仔細觀察孩子，會發現他們即使一個人玩，也希望有人陪。就算父母沒有陪著一起玩，只要有人待在旁邊，他們就會有安全感。越容易感到孤獨的孩子，越有這種傾向。但成長過程中，孩子必須培養承受一定孤獨的能力，而培養承受孤獨能力的過程，就是長大成人的過程。

瑪格麗特・馬勒（Margaret Mahler）在講解孩子的穩定關係時，提到了客體恆常性（object constancy）的概念，指即使與「某個客體」分離，也能感受到那個客體一直存在的能力。例如，即使媽媽不在身邊，也能感受到她的存在；就算朋友找別人玩，也相信他還是自己的朋友；哪怕戀人不在身邊，也能

感受到他的愛。

具備客體恆常性的人自主性也很高。自主性，是構成成人自尊感的重要因素。自主性低的人即使談戀愛，或是每個週末與朋友相約，還是會抱怨：「無論約會到多晚，回到家還是覺得很孤獨。」這樣的人就像孩子，如果沒有人陪在身邊就會感到孤獨，而且他們不會從自己的身上找原因，而是在他人的身上找原因。指責戀人「這都是因為你不夠愛我」、埋怨朋友「這都是因為你不理解我」。事實上，這可能是因為自己的不夠成熟，也可能是想透過他人，來滿足小時候沒有在父母身上獲得的依附需求。這種情況也被稱為「投射」。

我們該怎麼做才能擺脫這種情感呢？**為了應對我們存在的孤獨、無力感和空虛感，最重要的是「心態」——「問題的原因出在自己身上，我在尋找答案了。」**只有這樣才能讓自己變得堅強，避免因為孤獨而隨便對人發脾氣、做出失誤的言行。

14、
屬於我自己的獨特感性

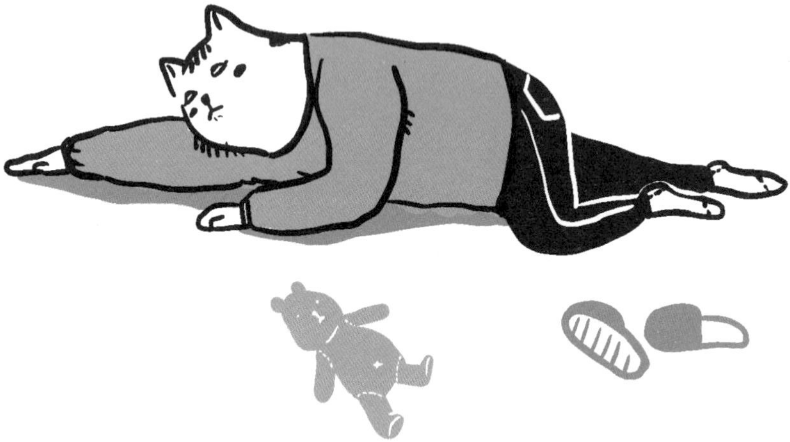

昨天的我心情很糟糕。
今天的我心情好極了。
若想好好的愛自己，
我該怎麼處理自己的情感呢？

人不但天生希望被愛，
更希望自己是一個值得愛的人。
——亞當・史密斯（Adam Smith）

有的人情感特別的豐富，別人不在乎的事情，他們卻因此掉眼淚，這樣的人也被稱為感性的人。情感豐富是一件好事，可以成為創意和藝術的能量，也可以視為對自己和對他人共感能力高的反證，小說《清秀佳人》的主角安妮就是這樣的人。但是，情感豐富和培養情感能力是不同的事。感性可說是與生俱來的；相反的，情感能力則是指根據狀況使用情緒，以獲得好的結果。

公司主管稱讚我，我很開心，我想把這件事分享給關係要好的同事，但那個同事並不信賴主管。具備情感能力的人遇到這種狀況時，會思考怎麼做才能引起對方的共鳴，進而感受到自己的喜悅。能夠這樣做的人和無法這樣做的

人，之間存在著明顯的差異。

最重要的是，即使情感豐富，也會分為「正向情感豐富的人」和「負向情感豐富的人」。負向情感豐富的人，難以忍受充滿敵對的情感，會因為他人毫無意義的惡評，而受到嚴重的傷害。

理解與生俱來的感性

「我在典型的慶尚道保守家庭長大。有時候看電影也會流淚，父母和兄弟姊妹看到我這樣都會取笑我：『這有什麼好哭的。』他們都覺得我沒有適應社會生活，都說我太感性了。起初，我在公司和同事相處得很辛苦，但有一天，一個同事對我說：『你怎麼那麼敏感啊？你的情感那麼豐富，說明了你很關心別人，而且也很講義氣。』聽到這句話的瞬間，我心想我必須改變想法，我得好好利用自己這個特點。我能夠一眼看出別人的心情，也很會察言觀色，我覺得這在工作上一定會發揮很大的幫助。」

每個人都有與生俱來的情感，而且這種情感不太會改變，只是存在著正向和負向的差異。如何使用豐富的情感，造成自己與他人之間的隔閡，相反的，也可以成為彼此共感的基礎。

基本上我們必須承認的是，情緒很大一部分是與生俱來的，每個人都不同。即使是遺傳了ＤＮＡ的母女關係，或是在相同環境生活將近二十年的兄弟，也會不一樣。我們常說要尊重個人的個性和意見，那麼與生俱來的情感也應該受到尊重。

如何看出與生俱來的部分呢？很多關於天性、性格、情感的心理測驗，像是近來流行的ＭＢＴＩ十六型人格測驗（Myers-Briggs Type Indicator，邁爾斯布里格斯性格分類法）和ＴＣＩ（Temperament and Character Inventory，氣質性格量表），但這兩個測驗的焦點並不一樣。

「我一個人」的時候，與生俱來的性格並不構成為問題，但在組織裡行動和溝通卻造成問題。從這一點來看，「五大性格特質」在掌握個人性格特徵與組織的適應、結合度方面，是有其意義的。「五大性格特質」分為：外向性、親和性、盡責性、神經質和經驗開放性，如下：

	外向性高	外向性低
外向性	善於與人交往，精力充沛	不善於與人交往，很安靜
親和性	富有同情心，相信他人	不合作，敵對
盡責性	系統性，自發性	衝動，粗心
神經質	壓力大，凡事擔憂	情緒穩定
經驗開放性	創造，創新	實用，保守

外向性高的人容易感受到正向情緒，而神經質高的人則容易感受到負向情緒。仔細思考自己在每個項目中的特點，便能找出自己與生俱來的性格特質，也可從中找到適應組織和建立人際關係時，應該注意的提點。依上述表格所描述的特質，大家都應該可以瞭解、並接受每個人與生俱來不同的性格，也能夠思考自身的負向情緒，源自「怎樣的性格特質」。

正向情緒可以提高記憶力

雖然人們的情緒多種多樣，但大致可以分為正向情緒和負向情緒。如果不是像躁鬱症患者那種是需要接受情緒治療的情況，不然其實沒有必要調節正向情緒。

其實在日常生活中，我們所感受到的大大小小的正向情緒，都可以提高我們的專注力、創造力和解決問題的能力。從世界級企業谷歌的 Fun 經營就可以看出，正向情緒可以帶動靈活的思考、培養創意性、提高解決問題的能力，還有提升專注力和記憶力。如果公司想培養更多的創意人才，不妨帶大家去看喜劇電影。如果考試想取得好成績，可以和朋友一邊開心地聊天一邊做功課。**正向情緒有助於最大限度提高我們的能力。**

那麼負向情緒呢？**負向情緒也有益處的時候。例如，處在難過的狀態，有助於處理注重細節的課題。**上次的案子失敗了，心情非常低落，一直都處在很傷心的狀態，但以這種狀態準備下個一案子，會更加謹慎和認真。

情緒也會影響回憶。覺得開心的時候，會想起很多愉快的回憶，相反的，難過的時候，就會想起過去受到的傷害或辛苦的回憶。在孩子的生日派對上，會想起去年和前年孩子過生日的事，自然而然地回憶起孩子的成長過程。如果在職場聽到主管指責自己：「你都是這麼做事的嗎？」等回到座位以後，就會想起之前被訓斥的事情，搞得腦袋一片混亂。另外，**音樂可以誘導特定的情緒，所以在做直觀且需要活躍思考的創意工作時，不妨聽一些歡樂愉快的音樂。需要進行謹慎、細緻思考的工作時，播放平靜、委婉的古典音樂則有幫助。**

用情緒來體驗自己

與生俱來的性格也會在成長的過程中發生變化，有的人長大以後變得更加穩重，有的人則變得更加活躍。透過這個過程，我們會形成「我是怎樣的人」

的「自我概念」。但有時，這種概念與我們在實際人生中的經歷並不一致。

例如，我擁有「我是很擅長演講的人」的自我概念。在演講時，發揮得很好，獲得了掌聲，受到了關注並為自己感到驕傲。這時就會產生正向情緒。孩子擁有「媽媽很愛我」的自我概念。當媽媽徹夜守在生病的自己身邊時，孩子就會有溫暖、幸福的情感，認為「媽媽真的很愛我，我是被愛的小孩」。

透過自我概念與體驗一致的經驗所建立起正向自我概念的人，就算體驗了負向經驗也不會一蹶不振。例如，即使演講失敗了或媽媽無視我，自我概念也不會受到損傷。這樣的人會認為：「今天的狀態不好，所以演講沒有發揮得很好。」、「媽媽很忙，所以沒空理我。」

相反的，自我概念不夠穩固的人會在經歷負向的體驗後，修正自我概念。這樣的人會認為，「以後演講不會成功了。不只演講，其他的事情也可能做不好。像我這種性格，不會有人喜歡，我不討人喜歡。這是性格問題，根本無法改變。」**自我概念不夠穩固的人，會更進一步否定狀況**。我們可以看到很多自我概念和實際體驗不一致的情況。

- 我以為自己是一個善良的人，但關係到自己權益的問題時，還是傷害了別人。
- 很愛我的媽媽，因為一點小事狠狠地打了我的背。
- 直到國中畢業前，我的成績都很好，但上了高中以後就下滑了。

如果自我概念和實際體驗不一致的時候，我們會感到痛苦、不安。為了從這種不安中解脫，我們會為自己辯護，有時甚至扭曲真實的體驗。這種傾向越嚴重，我們越難以成熟。因此，**我們需要讓自我概念和體驗達成一致，進而在這樣的過程中，創造能夠發揮積極作用的「情緒體驗」**。

現實中可以看到情緒體驗重要性的例子，比比皆是。一個平時少言寡語、性格木訥的丈夫在出差前，對妻子說：

「這次出差這麼久，我覺得很對不起妳。妳小時候，岳母為了躲避天天爛醉如泥的岳父，把妳一個人留在家裡，因為這件事，妳到現在一個人待在家裡也會感到不安。等我忙完，就會馬上趕回來。」

聽到丈夫這一席話，妻子大哭了一場，但之後即使一個人在家也不會覺得不安了。找到不安的原因，體驗了可以獨自待在家裡以後，妻子便醒悟到「我沒有必要感到不安」，這是對自己的行動的反省。寓言故事中的小青蛙也是如此，不聽媽媽的話的小青蛙在媽媽死後才知道反省，最後在小溪邊幫媽媽建造了墓地。小青蛙知道自己不是一個好兒子，也知道媽媽說的話是對的，但是牠還是隨心所欲、為所欲為，直到媽媽死了，牠經歷了巨大的情感衝擊之後，才有所改變。

順利經歷這種情緒體驗，可以提高情感能力，而且判斷、決定和行動的能力，也會隨之提升。我的自主性提高了，對他人的連帶感便也會提高。**情緒問**

題之所以重要，是因為關係到「自我概念」的成長。只有在建立正向的自我概念時，我們才能成為情感的主人，而不是情感的奴隸。

後記

最終目標是「我的情感自由」

很多心理學書籍給出了這樣的訊息：「負向情緒也是情感的一部分，所以很珍貴。」但我們很難做到珍視「討厭的事物」，沒有人希望自己一直怒氣沖沖。如果聽到有人說：「憤怒情緒也是情感的一部分，所以很珍貴。」也許當下覺得獲得了安慰，但問題卻沒有得到解決。

「我的人生就是難上加難。我從小就覺得，必須做點什麼才能解決人生的問題，但始終沒有好的結果。無論走到哪裡，我都難以與他人建立良好的人際關係。都過了十三年的社會生活，看來問題出在我自己的身上。我只要在一個地方工作六個月，就會累積一肚子的不滿，對工作不滿，對同事不滿，一直以來都是這樣。然後就會用遮辭呈或頂撞上司，把這些情緒發洩出來。」

面對存在這種苦惱的人，我們應該怎麼勸解呢？可以說「處在這種情感狀態也沒關係」嗎？在此，我們先重新定義一下「情感能力」，是指發現情感積極的一面，並且能夠有效利用它的能力。既然如此，我們就要積極地應對情感的問題。

有一種心理療法叫做「暴露治療法」，是用來治療恐懼症（phobia）的患者。例如，會讓害怕蛇的恐懼症患者，循序漸進地暴露在恐懼中。起初先在距離患者三公尺的地方放一張蛇的照片，患者會因為恐懼而出現身體僵硬，接下來要訓練他放鬆身體。下一個階段，則會在患者面前放一個蛇的模型，再把真的蛇放在玻璃箱裡，最後還會讓患者去碰觸蛇，或是把蛇圍在脖子上。

同樣的治療法也適用於強迫症患者。例如，如果有每隔一小時就要洗一次手的患者，那就要求他兩個小時不可以洗手，之後是半天，以此來治療他的強迫症。同樣的，焦慮症患者也適用。

暴露治療法的核心是：不逃避自己的情感，透過堅持面對的過程，進而採取新的行動。情感能力強的人不會畏懼體驗情感。不想感受不安而迴避情感，才會產生問題。很多患者都無法忍受不安或憤怒，如果不想付出代價的話，只會徒增不安，還會放縱這種不安演變出其他的問題。媽媽一直嘮叨個不停，自然教人心煩，哪怕媽媽只看了我一眼，也會讓我覺得不安、生氣。我之所以處在憤怒的狀態，是因為不知道她又要嘮叨什麼。在外面跟朋友見面聊天，開開心心地回到家裡，看到媽媽就會立刻開啟憤怒模式。因為我和媽媽很難溝通，所以我緊閉雙唇，直接摔門進自己的房間。

但我們不可能一直迴避問題，再說破壞母女關係，到頭來辛苦的人是自己。為了解決問題，要先搞清楚自己為什麼生氣，接下來以「適當的基準」表達情感，與媽媽進行情感上的溝通。透過這樣的過程，我不但可以體驗媽媽的情感狀態，媽媽也可以體驗我的情感狀態。如此一來，才能改變自己，媽媽也會改變態度。

不經歷這樣的過程，便無法解決問題。沒有體驗我的情感狀態的媽媽，會認為「這孩子怎麼還處在青春期，動不動就發脾氣啊」，而且她也不會停止嘮叨。我們要準確地找出影響情感的原因，並正確地傳達給他人。要想做到這一點，就需要「能量」，而且絕不能把能量浪費在沒有意義的地方。具備良好情感能力的人，也具有很強的保存及使用「自身能量」的能力。

能量也來自於他人

有的人可以創造能量，如果做不到這一點怎麼辦呢？這時，就需要從他人身上獲得能量了。我們都需要「有意義的他人」，這不僅有助於提升我們的自尊感，也可以視為調節情緒的必要條件。何謂「有意義的他人」呢？正是能將我的情感合理化的人。

A：心情不好，那要看喜劇電影啊，你怎麼總看那種悲傷的電影呢？

B：看完悲傷電影大哭一場，心情就輕鬆了。看來你是遇到什麼難過的事了。

A：為什麼總犯這種錯誤呢？緊張的關係？

B：原來是這裡失誤了。提醒自己下次不要再犯同樣的錯就好了。

如果獲得A的反應，就只會讓心裡的安全感越來越低。做出B反應的人，是可以理解我的情感，並認可我存在意義的人。這樣的人可以是父母、朋友、戀人或職場的同事，特別是在社會上的人際關係中，這樣的人非常重要。

人們總是把情緒理解為「私人的情感」。本書之所以一再強調情感是溝通的基礎，是為了說明我們應該從社會的角度來理解情緒。在社會關係中，透過有意義的他人和情感合理化進行正向的溝通，才能逐漸提高情感能力。即使天生性格內向、時常感到不安的人，也可以充分地透過後天的努力，來提高情感能力。

我們在生活中建立的人際關係，會隨著變化而逐漸擴展開來。從小時候的家人開始到社交的同伴（朋友）→浪漫的同伴（戀人）→職場的同伴（公司同事、客戶等）。**在某種人際關係中，如果沒有遇到「有意義的他人」，或是覺得在消耗情感的話，最好儘快建立其他的人際關係。只有持續結識能夠帶給自己心理安全感的他人，能夠讓自己發揮才能的他人，才能幫助自己成長。**日後，我們也要努力讓自己成為對他人有意義的人。

在領導能力中，情感能力是非常重要的，因為成為領導者，就等於是成為對他人「有意義的人」，必須讓自己成為能夠將他人情感合理化的、幫助他人發現意義的人。

無論取得多少成果、頭腦再聰明、業務能力再好，如果不具情感能力，就無法成為領導者。越是想成為團體的領導者，越是需要這種能力。只要具備情感能力，就算彼此是每天爭執不休的關係，也可以包容對方的失誤和錯誤。就算一時的怒火破壞了關係，也可以透過好事恢復關係。

但是，成為團體的領導者不可能每次都與他人近距離的溝通，因此，這樣的人需要透過一次簡短的溝通，建立起能為彼此帶來動力的關係。聆聽那些跟隨優秀領導者的故事，你便會發現大家都會提到，「那個人能讀懂我的心」。

最終目標是我的情感自由

仔細觀察我們所經歷的情感問題，不僅一對一的關係會發生問題，很多時候個人與團體之間也會有問題。如果說個人之間的情感問題很複雜、很緊密的話，那麼個人與團體之間的情感問題則十分隱密，不容易顯露出來，也因為沒有解決的辦法，往往覺得難上加難。

「我去學游泳，沒想到在那裡遇到了一個大姐大。其他會員都圍著她，她還對我說，因為我是新來的，最好請大家吃頓飯。但我沒時間，也沒把她們的話放在心上。誰知道自從那次之後，她們就開始排擠我，會在我面前圍成一圈聊天，分零食吃的時候也不會分給我。」

A是五十多歲的女性，即使她已經是兩個孩子的媽媽了，還是會為這種事情苦惱。不是只有念書的時候才會遭到排擠，長大成人，甚至變成老爺爺、老奶奶，還是會遇到這種問題，那該怎麼辦呢？我們可以確定的是，那些學游泳的會員不會改變。**他人的思想、做事方式、行動和價值，並不在我的控制領域內，我可以控制的只有自己的選擇、反應、採取行動的方式，以及調整自己人生大大小小的方向。**

這樣想的話，答案就很明確了。要不忍受現在的排擠、豪爽地請大家吃一頓飯加入她們，不然就是換一個游泳班。這些方法都在「我的控制領域內」可以做出的選擇，但人就是愛幻想一些自己無能為力的事情：「那些人應該向我道歉！」、「我應該改變那個大姐大的想法。」

很多夫妻過來諮商時，妻子都會對另一半提出這樣的要求：「要不分手，要不你做出改變。」首先，我們不能強迫別人做出選擇。要求丈夫要不分手，要不改變自己，又或者維持現狀，這些都不是妻子可以做的事情。正因為這樣，衝突才始終無法解決。

那麼A最好選擇怎樣的行動呢？**行動取決於自己對人際關係的壓力有多大的抵抗力**。抵抗力強的人會選擇，「因為我的腰椎間盤突出，所以必須游泳。別的游泳班太遠了，在這裡學就好。」但抵抗力弱的話，就會選擇努力與其他會員建立親密的關係。

要想擁有強大的抵抗力，只要根據自己價值觀中的「優先價值來採取行

動」就可以了。認為「身體健康」最重要的人，就算很生氣，也會若無其事的繼續學游泳。認為「良好的關係」最重要的人，就會想方設法改善關係。有些人明知道該怎麼做，但還是會很苦惱，然後反覆抱怨：「雖然我的腰會痛，但還是不想去那裡游泳。不，無論我做什麼，再怎麼努力，那些人還是會排擠我。但這都是那些人的錯啊。為什麼我要受苦呢？」

是不是覺得這樣的人很傻呢？但仔細想一想，我們經歷的很多事情，都跟這種情況差不多。

「我馬上就要畢業了，很苦惱做網路漫畫家好，還是遊戲設計師好。網路漫畫家的競爭激烈，而且也不知道什麼時候才能出人頭地，但網路漫畫可以畫自己想畫的東西。遊戲設計師的話，雖然可以馬上找到工作，但不能隨心所欲地畫畫，只能聽客戶的要求，而且工作也很辛苦。家裡的人要我自己做選擇，他們這麼說我反倒更痛苦了，還不如直接叫我趕快去賺錢呢。」

人既想要自由，同時也不願承擔責任。自由不可避免伴隨著不安，因為太過自由活在這個世界上是一件非常可怕的事情。如果我們能接受這種不安的生活，就會感受到真正的自由。維克多．弗蘭克說：

「在這個活體實驗室裡，可以親眼目睹有的人活得像個聖人，有的人活得像豬一樣。人可以這樣或那樣的活著，但最終取決於那個人做出的選擇。」

這個所謂的活體實驗室指的是納粹時期的集中營，在那個幾乎沒有自由可言的地方，人們還是會做出「選擇」。

最終，情感問題也是一種選擇。不能因為我覺得性格是天生的、再怎麼努力也不會改變，就把情感的問題放在一邊置之不理。我們應該積極地理解自己，主動面對人際關係中的情感問題。只有這樣，我們才能成熟且自由的生活下去。

具備高度自由和情緒力的14個特徵

1. 相信自己可以控制情緒。
2. 即使別人的想法跟自己不一樣，也不會有負向情緒。
3. 能夠區分長期積累的情緒，還是剛剛產生的情緒。
4. 無論別人有什麼情緒，都會覺得他一定有自己的原因。
5. 不會揣測尚未發生的事情，滋長內心不安的情緒。
6. 提出的建議被喜歡的人拒絕，不會認為對方討厭我。
7. 即使被侮辱，也只當作偶發事件，不會反覆去想。
8. 專注今天要做的事，珍視當下的感受。
9. 傷口越深，越認為可以痊癒。
10. 認為人的情感不是固定不變的，而是可以調整的。
11. 情緒上來時，會先思考「這種情緒是否對我有幫助」。
12. 即使心情很糟，也不會受到影響。
13. 尋找加入某團體的正向理由。
14. 專注在能夠發揮我的意志的事情上。

參考資料

- 《情緒勞動》（The Managed Heart）亞莉・霍希爾德（Arlie Russell Hochschild）
- 《正向心理學》（긍정심리학）權石萬（권석만）
- 《你不能傷害我》（Nimm's bitte nichtpersonlich）巴貝爾・沃德茲基（Bärbel Wardetzki）
- 《非暴力溝通》（Nonviolent Communication）馬歇爾・盧森堡（Marshall B. Rosenberg）
- 《問心理學，人生是否痛苦》（Suffering is Optional）蓋爾・布倫納（Gail Brenner）
- 《性格心理學》（성격심리학）閔庚煥（민경환）
- 《存在心理療法》（Existential Psychotherapy）歐文・亞隆（Irvin D. Yalom）
- 《心理治療如何處理情緒》（Working with emotions in psychotherapy）萊斯利・S・格林伯格（Leslie S. Greenberg）
- 《孩子的情緒智商》（아이의정서지능）EBS「連媽媽也不知道的孩子情緒」節目製作組（EBS 엄마도모르는우리아이의정서지능제작팀）
- 《痛也說不出口》（아파도아프다하지못하면）崔基洪（최기홍）
- 《依附理論和精神分析》（Attachment Theory and Psychoanalysis）彼得・福納吉（Peter Fonagy）

- 《自尊心：六項自尊基礎的實踐法》（The Six Pillars of Self-Esteem）納撒尼爾・布蘭登（Nathaniel Branden）
- 《親密的陌生人》（Stop Walking on Eggshells）保羅・梅森（Paul T. Mason）蘭蒂・克雷格（Randi Kreger）
- 《年輕人的人際關係心理學》（젊은이를위한인간관계의심리학）權石萬（권석만）
- 《情緒發達和情緒智商》（정서발달과정서지능）鄭玉芬（정옥분）、鄭順和（정순화）、林正河（임정하）
- 《調節情緒指導書》（정서조절코핑북）李知英（이지영）
- 《約翰・高特曼式的情緒指導書》（What am I feeling?）約翰・高特曼（John Gottman）
- 《活出意義》（Man's Search for Meaning）維克多・弗蘭克（Viktor Frankl）
- 《哭泣的大象》（When Elephants Weep）傑佛瑞・麥森 Jeffrey Masson、蘇珊・麥卡錫 Susanne McCarthy）
- 《恢復彈性》（회복탄력성）金周煥（김주환）
- Ainsworth, M. D. S., Blehar, M. G., Waters, E., & Wall. S. Patterns of attachment Assessed in the strange situation and at home. Hillsdale, NJ : Erlbaum, 1978.
- Beck, Aaron. "Cognition, affect, and psychopathology." Archives of General Psychiatry 24(1971): 495-500.
- Berman, Marshall. The Politics of Authenticity. New York: Atheneum, 1970.
- Bernstein, Basil. "A sociolinguistic approach to socialization, with some reference to educability" in John

Gumperz and Dell Hymes(eds.), Directions in Sociolinguistics. New York: Holt, Rinehart and Winston, 1972.

- Bonnano, G.A. Loss, trauma, and human resilience: Have we underestimated the human capacity to thrive after extremely aversive events? American Psychologist, 59(2004): 20-8.
- Bouchard, T. J. and Loehlin, J. C. Genes, evolution, and personality. Behavior Genetics, 31(2001): 243-73.
- Bouchard, T. J. and McGue, M. Genetic and environmental influences on human psychological differences. Journal of Neurobiology, 54(2003): 4-45.
- Bowlby, J. Attachment and loss: Vol. 1. Attachment. New York: Basic Books, 1969.
- Bowlby, J. Attachment and loss: Vol. 2. Separation: Anxiety and anger. New York: Basic Books, 1973.
- Bowlby, J. Attachment and loss: Vol. 3. Loss, sadness, and depression. New York: Basic Books, 1980.
- Brown, Barbara. New Mind, New Body. New York: Haper& Row, 1974.
- Campbell, Sarah F. (ed.). Piaget Sampler. New York: Wiley, 1976.
- Canli, T. Functional brain mapping of Extraversion and Neuroticism. Learning from individual differences in emotion processing. Journal of Personality, 72(2004): 1105-31.
- Clark, D. M., & Wells. A. A cognitive model of social phobia. In R. G. Heimberg, M. R. Liebowitz, D. A. Hope, & F. R. Scheier(Ed.), Social phobia: Diagnosis, assessment, and treatment(pp.69-93). New York: The Guilford Press, 1995.
- Costa, P. T. and McCrae, P. R. Four ways five factors are basic. Personality and Individual Differences, 135(1992): 653-65.

- Deci, E. L. "The Effects of Contingent and Non-Contingent Rewards and Controls on Intrinsic Motivation", Organizational Behavior and Human Performance, 8(1972): 217-29.
- Deci, E. L., & Ryan R. M. Intrinsic Motivation and Self-Determination in Human Behavior, New York, Plenum Press, 1985.
- Deci, E. L., & Ryan, R. M. A motivational approach to self: Integration in personality. In R. Dienstbier (Ed.), Nebraska symposium on motivation: Vol. 38. Perspectives on motivation (pp. 237–88). Loncoln: University of Nebraska Press, 1991.
- Digman, J. M. Personality structure: Emergence of the five-factor mode Annual Review of Psychology, 50(1990): 116-23.
- Douglas. Mary. Natural Symbols. New York: Vintage, 1973.
- Durkheim, E'mile. The Elementary Forms of the Religious Life. Tr. Joseph Ward Swain. New York: Free Press, 1965.
- Eisenberg, N., Cumberland, A., Spinrad, T. L., Fabes, R. A., Shepard, S. A., Reiser, M., Murphy, B. C., Losoya, S. H., & Guthrie, I. K. The relations of regulation and emotionality to children's externalizing and internalizing problem behavior. Child Development, 72(2001): 1112-34.
- Frankl, V. Man's Search for Meaning. London: Washington Square Press, 1984.
- Frankl, V. The Doctor and the Soul: From Psychotherapy to Logotherapy. New York: Vintage Books, 1986.
- Fredrickson, B. L. What good are positive emotions? Review of General Psychology, 2(1998): 300-19.
- Fredrickson, B. L. The role of positive emotions in positive psychology: The broaden-and-build theory of

positive emotions. Journal of American Psychological Association, 54(2001): 218-26.

- Fredrickson, B. L. The broaden-and-build theory of positive emotions. Philophical Transactions of the Royal Society of London (Biological Sciences), 359(2004): 1367–77.
- Fredrickson, B., & Levenson, R. Positive emotions speed recovery from the cardiovascular sequelae of negative emotions. Cognition and Emotion, 12(1998): 191-220.
- Freud, Sigmund. “Formulations on the two principles of mental functioning” in James Strachey (ed.), Standard Edition 12. London: Hogarth Press(1911): 213-26.
- Freud, Sigmund. “Repression” in James Strachey(ed.), Standard Edition 14. London: Hogarth Press(1915a): 146-158.
- Freud, Sigmund. “The unconcious” in James Strachey(ed.), Standard Edition 14. London: Hogarth Press, 1915b.
- Freud, Sigmund. “Introductory lectures on psychoanalysis” in James Strachey(ed.). Standard Edition 15 and 16. London: Hogarth Press, 1916–17.
- Freud, Sigmund. “Inhibitions, symptoms, and anxiety” in James Strachey(ed.), Standard Edition 20. London: Hogarth Press(1926): 77–126.
- Gross, J. J., Sutton, S. K., and Ketelaar, T. Relations between affect and personality: Support for the affect-level and affective-reactivity views. Personality and Social Psychology Bulletin, 24(1998): 279-88.
- Goffman, Erving. Interaction Ritual. New York: Doubleday Anchor, 1967.
- Goldberg, L.R. An alternative ‘description of personality’ : The Big Five factor structure. Journal of

Personality and Social Psychology, 59(1990): 1216-29.
- Goleman, D. Emotional intelligence. Bantom Books, U.S.A., 1995.
- Greenberg, L. S. Emotion-focused therapy. Coaching clients to work through their feelings. Washington, DC: American Psychological Association, 2002.
- Gross, J. J. Emotion regulation : past, present, future. Cognition and Emotion, 13(5)(1999): 551-73.
- Horowitz, Mardi J. Image Formation and Cognition. New York: Appleton-Century-Crofts Educational Division, Meredith Corporation, 1970.
- Ingram, R. E. Self-focused attention in clinical disorders: Review and a conceptual model Psychological Bulletin, 107(1990a): 156-76.
- Ingram, R. E. Attentional nonspecificity in depressive and generalized anxious affective states. Cognitive Therapy and Research, 14(1990b): 25-35.
- James, Muriel, and Dorothy Jongeward. Born to Win. Center City, Minn: Hazeldon, 1971.
- John, O. P. The 'Big Five' factor taxonomy: Dimensions of personality in natural language and questionnaires. In L. A. Pervin (ed.), Handbook of Personality Psychology: Theory and Research, New York: Guilford Press(1990): 66-100.
- Kasser T., Ryan R. M. "Be Careful what You Wish for : Optimal Functioning and the Relative Attainment of Intrinsic and Extrinsic Goals", in P. Schmuck et K. Sheldon (e'ds), Life Goals and Well-Being, Gottingen, Hogrefe, 2001.
- Kohn, Melvin. "Social class and the exercise of parental authority" in Meil Smelser and William

Smelser(eds.), Personality and Social Systems. New York: Wiley(1963): 297-313.

- Krogfoss. Robert B. (ed.). Manual for the Legal Secretarial Profession, 2nd ed. St. Paul, Minn.: West Publishing Co., 1974.
- Laing. R. D. The Politics of the Family and Other Essays. New York: Pantheon, 1971.
- Larsen, R. J., & Diener, E. Affect intensity as an individual difference characteristic: A review. Journal of Research in Personality, 21(1987): 1-39.
- Larsen, R. J. and Ketelaar, T. Extraversion, neuroticism and susceptibility to positive and negative mood induction procedures. Personality and Individual Differences, 10(1989): 1221-8.
- Larsen, R. J. and Ketelaar, T. Personality and susceptibility to positive and negative affective states. Journal of Personality and Social Psychology, 61(1991): 132-40.
- Lasch, Christopher. The Culture of Narcissism. New York: Norton, 1978.
- Lazarus, R. S. Psychological stress and coping process. New York: McGraw-Hill, 1966.
- Lazarus, R. S. The stress and coping paradigm. In C. E. Eisdorfer, D. Cohen, A. Kleinman, & P. Maxim (Eds.), Models for clinical psychopathogy (pp. 177-214). New York: S. P. Medical & Scientific Books, 1981.
- Lazarus, R. S. Thoughts on the relations between emotional and cognition. American Psychologist, 37(1982): 1019-24.
- Lazarus, R. S. Emotion and adaptation York: Oxford University Press, 1991.
- Lepper, M., Greene, D., & Nesbitt, R. Undermining children s intrinsic interest with extrinsic rewards: A

test of the "overjustification" hypothesis. Journal of Personality and Social Psychology, 28(1973): 129-37.

- Lifton, Robert. Boundaries. Psychological Man in Revolution. New York: Random House, 1970.
- Linley, P. A., & Joseph, S. Positive change following trauma and adversity: A review. Journal of Traumatic Stress, 17(2004): 11-21.
- Marra, T. Dialectical Behavior Therapy in Private Practice. New Harbinger Publications, 2005.
- Maslach, Christina and Susan E. Jackson. "Lawyer burnout." Barrister 5(1978): 52-4.
- Maslach, Christina and Susan E. Jackson. "Burned-out cops and their families." Psychology Today 12(1979): 59-62.
- Maslach. Christina. "Job burnout: how people cope." Public Welfare Spring 36(1978a): 56-8.
- Maslach. Christina. "The client role in staff burn-out." Journal of Social Issues 34(1978b): 111-24.
- Maslow, A. H. Motivation and Personality. New York: Harper and Row, 1954.
- Maslow, A. H. Toward a psychology of being. New York: John Wiley & Sons, 1968.
- Maslow, A. H. Religion, values and peak experiences. New York: Viking, 1970.
- Masten, A. Ordinary magic: Resilien processes in development. America Psychologist, 56(2001): 227-38.
- Mills, C. Wright. White Collar. New York: Oxford University Press, 1956.
- Monfries, M. M., &Kafer, N. F. Private self-consciousness and fear of negative evaluation. The Journal of Psychology, 128(1994): 447-54.
- Nettle, Daniel. Personality: What Makes You the Way You Are, Oxford University Press, 2007.
- Nolen-Hoeksema, S. Response to depression and their effects on the duration of depressive episodes.

Journal of Abnormal Psychology, 100(1991): 569-82.

- Parasons, Talcott. The Social System. Glencoe, Ill.: Free Press, 1951.
- Parkinson, B., Totterdell, P., Briner, R. B., & Reynolds, S. Changing moods : The psychology of mood and mood regulation. London: Longman, 1996.
- Parsons, Talcott, Robert Bales, and Edward Shils. Working Papers in the Theory of Action Glencoe. III.: Free Press, 1953.
- Pennebaker, J. W., &Traue, H. C. Inhibition and psychosomatic processes. In J. W. Pennebaker & H. C. Traue(Eds.), Emotion, inhibition and health(pp. 146–63). Gottingen, Germany: Hogrefe& Huber, 1993.
- Perls, Frederick, Ralph Hefferline, and Paul Goodman. Gestalt Therapy. New York: Julian Press, 1951.
- Seligman, M. E. P. Positive psychology: positive prevention, and positive therapy. In C. R. Snyder, & S. J. Lopez (Eds.), Handbook of positive psychology (pp. 3-9). London: Oxford University Press, 2002a.
- Seligman, M. E. P., Rashid, T., & Parks, A. C. Positive psychotherapy. American Psychologist, 11(2006): 774-88.
- Sennett, Richard, and Jonathan Cobb. Hidden Injuries of Class. New York: Vintage, 1973.
- Smith, Lynn Griffith. "Co-marital relations: an exploratory study of consensual adultery."Ph. D. diss., Psychology department, University of California, Berkeley, 1973.
- Stanislavski, Constatin. An Actor Prepares. Tr. Elizabeth Reynolds Hapgood. New York: Theatre Arts Books, 1965.
- Swinkels, A., &Guilliano, T. A. The measurement and conceptualization of mood awareness: Attention

directed toward one s mood states. Personality and Social Psychology Bulletin, 21(1995): 934-49.

- Taylor, G. J., Bagby, R. M., & Parker, J. D. A. Disorders of affect regulation: Alexithymia in medical and psychiatric illness. Journal of Psychosomatic Research, 48(2000): 603-4.
- Terkel, Studs. Working. New York: Avon, 1972.
- Turner. Ralph. "The real self: from institution to impulse." American Journal of Sociology 81(1976): 989-1016.
- Walden, T. A., & Smith, M. C. Emotion regulation. Motivation and Emotion, 21(1)(1997): 7-25.
- Westen, D. Toward an integrative model of affect regulation: Applications to social-psychological research. Journal of Personality, 62(1994): 641-67.
- Whittle, S., Allen, N. B., Lubman, D. I., and Yücel, M. The neurobiological basis of temperament: Towards a better understanding of psychopathology. Neuroscience and Biobehavioral Reviews, 30(2006): 511-25.
- Winnicott, D. W. The Maturational Processes and the Facilitating Environment. New York: International Universities Press, 1965.
- Yalom, I. D. Existential Psychotherapy. New York: Basic Books, 1980.
- Young, J. E., Klosko, J. S., &Weishaar, M. E. Schema therapy :Apractitioner s guide. New York: The Guilford Press, 2003.

國家圖書館出版品預行編目(CIP)資料

你可以有情緒，但不要往心裡去:讓你不隱忍、懂釋懷，突破關係困境的14種情感練習 / 全美暻 著；胡椒筒 譯. -- 初版. -- 新北市：大樹林出版社, 2023.01
256面；14.8×21公分. -- (心理話；15)
譯自：솔직하게, 상처 주지 않게
ISBN 978-626-96312-9-2（平裝）

1.CST: 情感　2.CST: 情緒管理　3.CST: 情境心理學

176.5　　111017404

系 列／心理話 15

你可以有情緒，但不要往心裡去

讓你不隱忍、懂釋懷，突破關係困境的14種情感練習

作　　者／全美暻
翻　　譯／胡椒筒
總 編 輯／彭文富
主　　編／陳秀娟
封面設計／ Dinner Illustration
內文排版／新鑫電腦排版工作室
出 版 者／大樹林出版社
營業地址／ 23357 新北市中和區中山路二段 530 號 6 樓之 1
通訊地址／ 23586 新北市中和區中正路 872 號 6 樓之 2
電話／ (02) 2222-7270　傳真／ (02) 2222-1270
E － mail ／ notime.chung@msa.hinet.net
官　　網／ www.gwclass.com
Facebook ／ www.facebook.com/bigtreebook

大樹林學院官網　大樹林學院新 LINE
大樹林學院微信

發 行 人／彭文富
劃撥帳號／ 18746459　戶名／大樹林出版社
總 經 銷／知遠文化事業有限公司
地　　址／ 222 新北市深坑區北深路三段 155 巷 25 號 5 樓
電　　話／ 02-2664-8800　傳　　真／ 02-2664-8801
初　　版／ 2023 年 01 月

定價：台幣／ 380 元　港幣／ HK$128 元　ISBN /978-626-96312-9-2